First Russian Reader for Beginners

Vadim Zubakhin

First Russian Reader for Beginners
Bilingual for Speakers of English
A1 / A2 Level

LANGUAGE
PRACTICE
PUBLISHING

First Russian Reader for Beginners

by Vadim Zubakhin

Series Title: Graded Russian Readers, Volume 1

Audio tracks www.lppbooks.com/Russian/FirstRussianReader_audio/En/

Homepage www.audiolego.com

Design: Audiolego Design

Editor Natasha Kolobanova

Copyright © 2011 2012 2013 2015 2016 2021 Language Practice Publishing

Copyright © 2016 2021 Audiolego

This book is in copyright. Subject to statutory exception and to the provisions of relevant collective licensing agreements, no reproduction of any part may take place without the written permission of Language Practice Publishing.

Оглавле́ние
Table of contents

Russian alphabet 7
Beginner Course (A1) 9
How to control the playing speed 10
Chapter 1 Dillard has a dog 11
Chapter 2 They live in Donetsk 15
Chapter 3 Are they Ukrainians? 18
Chapter 4 Can you help, please? 23
Chapter 5 Dillard lives in Ukraine now 28
Chapter 6 Dillard has many friends 33
Chapter 7 Pasha buys a bike 38
Chapter 8 Luba wants to buy a newer DVD 42
Chapter 9 Andrew listens to American songs 46
Chapter 10 Andrew buys textbooks on design 51
Chapter 11 Dillard wants to earn some money (part 1) 56
Chapter 12 Dillard wants to earn some money (part 2) 61
Elementary Course (A2) 67
Глава 13 Название гостиницы 68
Глава 14 Аспирин 73
Глава 15 Аня и кенгуру 78
Глава 16 Парашютисты 84
Глава 17 Выключи газ! 92
Глава 18 Агентство по трудоустройству 98
Глава 19 Паша и Диллард моют грузовик 105
Глава 20 Паша и Диллард моют грузовик (часть 2) 112
Глава 21 Урок 118
Глава 22 Андрей работает в издательстве 123
Глава 23 Правила кошек 129
Глава 24 Работа в команде 134
Глава 25 Диллард и Паша ищут новую работу 139
Глава 26 Устройство на работу в газету Донецк сегодня 146

Глава 27 Милицейский патруль (часть 1) 152
Глава 28 Милицейский патруль (часть 2) 160
Глава 29 ФЛЕКС и апэр 168
Русско-английский словарь 174
Англо-русский словарь 187
Приложения Appendixes 199
Recommended books 211

Ру́сский алфави́т

Russian alphabet

Capital	Small	Handwriting	Name	IPA	English example
А	а	*Аа*	а [a]	/a/	a in rather
Б	б	*Бб*	бэ [bɛ]	/b/ or /bʲ/	b in hit
В	в	*Вв*	вэ [vɛ]	/v/ or /vʲ/	v in veal
Г	г	*Гг*	гэ [gɛ]	/g/	g in get, or h in hat
Д	д	*Дд*	дэ [dɛ]	/d/ or /dʲ/	d in do
Е	е	*Ее*	е [je]	/je/ or /ʲe/	ye in yet
Ё	ё	*Ёё*	ё [jo]	/jo/ or /ʲo/	yo in york
Ж	ж	*Жж*	жэ [ʐɛ]	/ʐ/	g in genre, s in pleasure
З	з	*Зз*	зэ [zɛ]	/z/ or /zʲ/	z in zoo
И	и	*Ии*	и [i]	/i/ or /ʲi/	e in me
Й	й	*Йй*	и краткое	/j/	y in yes
К	к	*Кк*	ка [ka]	/k/ or /kʲ/	k in kitchen
Л	л	*Лл*	эл [el]	/l/ or /lʲ/	l in lock
М	м	*Мм*	эм [ɛm]	/m/ or /mʲ/	m in mat
Н	н	*Нн*	эн [ɛn]	/n/ or /nʲ/	n in not
О	о	*Оо*	о [o]	/o/	o in more
П	п	*Пп*	пэ [pɛ]	/p/ or /pʲ/	p in put

Р	р	*Рр*	эр [ɛr]	/r/ or /rʲ/	rolled r
С	с	*Сс*	эс [ɛs]	/s/ or /sʲ/	s in sea
Т	т	*Тт*	тэ [tɛ]	/t/ or /tʲ/	t in top
У	у	*Уу*	у [u]	/u/	oo in foot
Ф	ф	*Фф*	эф [ɛf]	/f/ or /fʲ/	f in fate
Х	х	*Хх*	ха [xa]	/x/	like h in harp
Ц	ц	*Цц*	це [t͡sɛ]	/t͡s/	ts in meets
Ч	ч	*Чч*	че [t͡ɕe]	/t͡ɕ/	ch in chess
Ш	ш	*Шш*	ша [ʃa]	/ʃ/	similar to the sh in shop
Щ	щ	*Щщ*	ща [ɕɕa]	/ɕ/	similar to the sh in shake
Ъ	ъ	*Ъъ*	твёрдый знак		puts a distinct /j/ sound in front of the following iotified vowels
Ы	ы	*Ыы*	ы [ɨ]	[ɨ]	like i in Billy
Ь	ь	*Ьь*	мягкий знак	/ʲ/	slightly palatalises the preceding consonant
Э	э	*Ээ*	э [ɛ]	/e/	e in met
Ю	ю	*Юю*	ю [ju]	/ju/ or /ʲu/	u in use
Я	я	*Яя*	я [ja]	/ja/ or /ʲa/	ya in yard

Beginner Course

How to control the playing speed

The book is equipped with the audio tracks. The address of the home page of the book on the Internet, where audio files are available for listening and downloading, is listed at the beginning of the book on the bibliographic description page before the copyright notice. With the help of QR codes, you can call up an audio file in no time, without typing a web address manually. Simply hold your smartphone with camera app on over the QR code. Your smartphone will scan the code and will offer you to follow the scanned audio file link.

We recommend using free **VLC media player** to control the playing speed. You can control the playing speed by decreasing or increasing the speed value on the button of the VLC media player's interface.

1

Audio

У Ди́лларда есть соба́ка
Dillard has a dog

А

Слова́
Words

1. авторýчка - pen
2. авторýчки - pens
3. Андрéй - Andrew (name)
4. блокнóт - notebook
5. блокнóты - notebooks
6. большóй - big
7. велосипéд - bike
8. глаз - eye
9. глазá - eyes
10. гости́ница - hotel

11. гости́ницы - hotels
12. Доне́цк - Donetsk (city)
13. его́ - his;
14. его́ крова́ть - his bed
15. звезда́ - star
16. зелёный - green
17. и; а - and
18. име́ет - has;
19. Он име́ет кни́гу. - He has a book.
20. име́ть - to have
21. кни́га - book
22. ко́мната - room
23. ко́мнаты - rooms
24. ко́шка - cat
25. краси́вый - nice
26. крова́ти - beds
27. крова́ть - bed
28. магази́н - shop
29. магази́ны - shops
30. ма́ленький - little
31. Ди́ллард - Dillard (name)
32. мечта́ - dream
33. мно́го - many, much
34. мо́й (m), моя́ (f), моё (n), мои́ (pl) - my
35. не - not
36. но́вый - new
37. нос - nose
38. оди́н - one
39. о́кна - windows
40. окно́ - window
41. он - he
42. они́ - they
43. парк - park
44. па́рки - parks
45. Па́ша - Pasha (name)
46. си́ний - blue
47. слова́ - words
48. сло́во - word
49. соба́ка - dog
50. стол - table
51. столы́ - tables
52. студе́нт - student
53. студе́нты - students
54. те - those
55. текст - text
56. то́же, та́кже - too
57. тот - that
58. у меня́ - I have, у нас - we have, у тебя́/у вас - you have, у него́ - he/it has, у неё - she has, у них - they have
59. у́лица - street
60. у́лицы - streets
61. чёрный - black
62. четы́ре - four
63. э́ти - these
64. э́тот (m), э́та (f), э́то (n) - this; э́та кни́га - this book
65. я - I

B

У Ди́лларда есть соба́ка

1. Э́тот студе́нт име́ет кни́гу. 2. Он име́ет ру́чку та́кже.

3. Доне́цк име́ет мно́го у́лиц и па́рков. 4. Э́та у́лица име́ет но́вые гости́ницы и магази́ны.

5. Э́та гости́ница име́ет четы́ре звезды́. 6. Э́та гости́ница име́ет мно́го хоро́ших больши́х ко́мнат. 7. Та ко́мната име́ет мно́го о́кон. 8. А э́ти ко́мнаты не име́ют мно́го о́кон. 9. Э́ти ко́мнаты име́ют четы́ре крова́ти. 10. А те ко́мнаты име́ют одну́ крова́ть. 11. Та ко́мната не име́ет мно́го столо́в. 12. А те ко́мнаты име́ют мно́го больши́х столо́в. 13. Э́та у́лица не име́ет гости́ниц. 14. Тот большо́й магази́н не име́ет мно́го о́кон.

15. Э́ти студе́нты име́ют тетра́ди. 16. Они́ име́ют ру́чки та́кже. 17. Ди́ллард име́ет одну́ ма́ленькую чёрную тетра́дь. 18. Андре́й име́ет четы́ре но́вые зелёные тетра́ди. 19. Э́тот студе́нт име́ет велосипе́д. 20. Он име́ет но́вый си́ний велосипе́д. 21. Па́ша име́ет велосипе́д то́же. 22. Он име́ет краси́вый чёрный велосипе́д.

23. У Андре́я есть мечта́. 24. У меня́ есть мечта́ то́же. 25. У меня́ нет соба́ки. 26. У меня́ есть ко́шка. 27. У мое́й ко́шки краси́вые зелёные глаза́. 28. У Ди́лларда нет ко́шки. 29. У него́ есть соба́ка. 30. У его́ соба́ки ма́ленький чёрный нос.

Dillard has a dog

1. This student has a book. 2. He has a pen too.

3. Donetsk has many streets and parks. 4. This street has new hotels and shops.

5. This hotel has four stars. 6. This hotel has many nice big rooms. 7. That room has many windows. 8. And these rooms do not have many windows. 9. These rooms have four beds. 10. And those rooms have one bed. 11. That room does not have many tables. 12. And those rooms have many big tables. 13. This street does not have hotels. 14. That big shop does not have many windows.

15. These students have notebooks. 16. They have pens too. 17. Dillard has one little black notebook. 18. Andrew has four new green notebooks. 19. This student has a bike. 20. He has a new blue bike. 21. Pasha has a bike too. 22. He has a nice black bike.

23. Andrew has a dream. 24. I have a dream too. 25. I do not have a dog. 26. I have a cat. 27. My cat has nice green eyes. 28. Dillard does not have a cat. 29. He has a dog. 30. His dog has a little black nose.

С

Pronunciation

For the most part one Russian letter corresponds to one sound.
Ё is always stressed. О is pronounced **а** if unstressed: молоко́ - [малако́] *milk*.
Е is pronounced **и** if unstressed: ме́неджер - [ме́ниджир] *manager*.
Ending -го is always pronounced -во: его́ - [эво́] *his, him*.
When consonants appear at the end of a word, they lose their voice.
б is pronounced like п: клуб - [клуп] *club*
в is pronounced like ф: Медве́дев - [мидве́деф] *Medvedev (a surname)*
г is pronounced like к: ма́ркетинг - [ма́ркитинк] *marketing*
д is pronounced like т: шокола́д - [шакала́т] *chocolate*
ж is pronounced like ш: ложь - [лош] *lie*
з is pronounced like с: капри́з - [капри́с] *caprice*

Я име́ю and У меня́ (есть) have the same meaning

The form я име́ю is easier to understand and use than the form у меня́ есть. The form я име́ю is used mainly in newspapers, official documents and by authorities. The form у меня́ есть is used almost always in informal speech. Есть is often omitted.

я име́ю	у меня́ (есть)	I have (got)
мы име́ем	у нас (есть)	we have (got)
ты име́ешь	у тебя́ (есть)	you have (got) *informal*
Вы/вы име́ете	у Вас/вас (есть)	you have (got) *formal/plural*
он/она́/оно́ име́ет	у него́/неё/него́ (есть)	he/she/it has (got)
они́ име́ют	у них (есть)	they have (got)

Я име́ю план инвести́рования. = У меня́ (есть) план инвести́рования. - *I have an investment plan.*
Я име́ю дом и о́фис. = У меня́ (есть) дом и о́фис. - *I have a house and an office.*
Мы име́ем все докуме́нты. = У нас (есть) все докуме́нты. - *We have all documents.*
Они́ име́ют о́пыт прода́ж. = У них (есть) о́пыт прода́ж. - *They have sales experience.*

2

Audio

Они́ живу́т в Доне́цке

They live in Donetsk

A

Слова́

Words

1. америка́нец, америка́нский - American
2. большо́й - big
3. брат - brother
4. в - in
5. голо́дный - hungry
6. го́род - city
7. два - two
8. жить - to live
9. из, с, от - from
10. Лю́ба - Liuba (name)
11. мать - mother
12. мы - we
13. на - in, on, at
14. нахо́дится - is, situated
15. она́ - she
16. покупа́ть - to buy
17. Росси́я - Russia

18. ру́сский, россия́нин(m); ру́сская, россия́нка(f); ру́сский, росси́йский(adj) - Russian

19. сейча́с - now

20. сестра́ - sister

21. суперма́ркет - supermarket

22. США - the USA

23. сэ́ндвич - sandwich

24. ты, Вы, вы - you

25. Украи́на - Ukraine

26. украи́нец (m), украи́нка (f), украи́нский (adj) - Ukrainian

B

Они́ живу́т в Доне́цке

1.Доне́цк большо́й го́род. 2.Доне́цк нахо́дится на Украи́не.

3.Э́то Ди́ллард. 4.Ди́ллард студе́нт. 5.Он нахо́дится сейча́с в Доне́цке. 6.Ди́ллард из США. 7.Он америка́нец. 8.Ди́ллард име́ет мать, отца́, бра́та и сестру́. 9.Они́ живу́т в США.

10.Э́то Андре́й. 11.Андре́й студе́нт то́же. 12.Он из Росси́и. 13.Он ру́сский. 14.Андре́й име́ет мать, отца́ и двух сестёр. 15.Они́ живу́т в Росси́и.

16.Ди́ллард и Андре́й нахо́дятся сейча́с в суперма́ркете. 17.Они́ голо́дные. 18.Они́ покупа́ют сэ́ндвичи.

19.Э́то Лю́ба. 20.Лю́ба украи́нка. 21.Лю́ба живёт в Доне́цке то́же. 22.Она́ не студе́нтка.

23.Я студе́нт. 24.Я из Украи́ны. 25.Я сейча́с в Доне́цке. 26.Я не го́лоден.

27.Ты студе́нт. 28.Ты америка́нец.

They live in Donetsk

1.Donetsk is a big city. 2.Donetsk is in Ukraine.

3.This is Dillard. 4.Dillard is a student. 5.He is in Donetsk now. 6.Dillard is from the USA. 7.He is American. 8.Dillard has a mother, a father, a brother and a sister. 9.They live in the USA.

10.This is Andrew. 11.Andrew is a student too. 12.He is from Russia. 13.He is Russian. 14.Andrew has a mother, a father and two sisters. 15.They live in Russia.

16.Dillard and Andrew are in a supermarket now. 17.They are hungry. 18.They buy sandwiches.

19.This is Liuba. 20.Liuba is Ukrainian. 21.Liuba lives in Donetsk too. 22.She is not a student.

23.I am a student. 24.I am from Ukraine. 25.I am in Donetsk now. 26.I am not hungry.

27.You are a student. 28.You are American.

29.Ты сейча́с не в США. 30.Ты на Украи́не.

31.Мы студе́нты. 32.Мы сейча́с на Украи́не.

33.Э́то велосипе́д. 34.Велосипе́д си́ний. 35.Велосипе́д не но́вый.

36.Э́то соба́ка. 37.Соба́ка чёрная. 38.Соба́ка не больша́я.

39.Э́то магази́ны. 40.Магази́ны не больши́е. 41.Они́ ма́ленькие. 42.Тот магази́н име́ет мно́го о́кон. 43.Те магази́ны име́ют не мно́го о́кон.

44.Та ко́шка нахо́дится в ко́мнате. 45.Те ко́шки нахо́дятся не в ко́мнате.

29.You are not in the USA now. 30.You are in Ukraine.

31.We are students. 32.We are in Ukraine now.

33.This is a bike. 34.The bike is blue. 35.The bike is not new.

36.This is a dog. 37.The dog is black. 38.The dog is not big.

39.These are shops. 40.The shops are not big. 41.They are little. 42.That shop has many windows. 43.Those shops do not have many windows.

44.That cat is in the room. 45.Those cats are not in the room.

C

Gender of Nouns

There are no articles used with nouns. There are three genders: masculine, feminine and neuter. Both animate and inanimate nouns have a gender which depends on a word ending.

Masculine nouns normally end with a consonant or -й: го́род *(city)*, но́мер *(number)*, ди́джей *(DJ)*. Common exceptions: па́па *(dad)*, дя́дя *(uncle)*, мужчи́на *(man)*.

Feminine nouns normally end with –a or –я: фами́лия *(surname)*, фи́рма *(firm)*

Neuter nouns end with –o or –e: о́тчество *(middle name)*, зда́ние *(building)*. Common exception: и́мя *(name)*

Most nouns ending with –ь can be masculine or feminine: сеть *(fem. network)*, день *(masc. day)*, стиль *(masc. style)*.

3

Audio

Они́ украи́нцы?

Are they Ukrainians?

A

Слова́
Words

1. англи́йский язы́к, англи́йский (adj) - English
2. все, всё - all
3. где - where
4. да - yes
5. дом - house
6. её - her; её кни́га - her book
7. же́нщина - woman
8. живо́тное - animal
9. как - how
10. ка́рта - map
11. кафе́ - café
12. ма́льчик - young boy
13. мужчи́на - man
14. на - on
15. наш - our

16. нет - no
17. никакой - none/no
18. оно́ - it
19. па́рень - boy, guy
20. ско́лько - how many/much

21. сидипле́ер - CD player
22. ста́рый - old
23. ты, Вы, вы - you
24. у, о́коло, в - at

 B

Они́ украи́нцы?

1

- Я па́рень. Я в ко́мнате.
- Ты америка́нец?
- Нет. Я украи́нец.
- Ты студе́нт?
- Да. Я студе́нт.

2

- Э́то же́нщина. Же́нщина в ко́мнате то́же.
- Она́ америка́нка?
- Нет. Она́ украи́нка.
- Она́ студе́нтка?
- Нет. Она не студе́нтка.

3

- Э́то челове́к. Он за столо́м.
- Он украи́нец?
- Да. Он украи́нец.

4

- Э́то студе́нты. Они́ в па́рке.
- Они́ все украи́нцы?
- Нет. Э́то украи́нцы, ру́сские и америка́нцы.

Are they Ukrainians?

1

- I am a boy. I am in the room.
- Are you American?
- No, I am not. I am Ukrainian.
- Are you a student?
- Yes, I am. I am a student.

2

- This is a woman. The woman is in the room too.
- Is she American?
- No, she is not. She is Ukrainian.
- Is she a student?
- No, she is not. She is not a student.

3

- This is a man. He is at the table.
- Is he Ukrainian?
- Yes, he is. He is Ukrainian.

4

- These are students. They are in the park.
- Are they all Ukrainians?
- No, they are not. They are Ukrainians, Russians and Americans.

5
- Это стол. Он большой.
- Он новый?
- Да. Он новый.

6
- Это кошка. Она в комнате.
- Она чёрная?
- Да. Она чёрная и красивая.

7
- Это велосипеды. Они возле дома.
- Они чёрные?
- Да. Они чёрные.

8
- Ты имеешь тетрадь?
- Да.
- Сколько тетрадей ты имеешь?
- Я имею две тетради.

9
- Имеет он ручку?
- Да.
- Сколько ручек имеет он?
- Он имеет одну ручку.
- Имеет она велосипед?
- Да.
- Её велосипед синий?
- Нет. Её велосипед не синий. Он зелёный.

10
- Ты имеешь английскую книгу?
- Нет. Я не имею английскую книгу. Я не имею никакой книги.

5
- This is a table. It is big.
- Is it new?
- Yes, it is. It is new.

6
- This is a cat. It is in the room.
- Is it black?
- Yes, it is. It is black and nice.

7
- These are bikes. They are at the house.
- Are they black?
- Yes, they are. They are black.

8
- Do you have a notebook?
- Yes, I do.
- How many notebooks do you have?
- I have two notebooks.

9
- Does he have a pen?
- Yes, he does.
- How many pens does he have?
- He has one pen.
- Does she have a bike?
- Yes, she does.
- Is her bike blue?
- No, it is not. Her bike is not blue. It is green.

10
- Do you have an English book?
- No, I do not. I do not have an English book. I have no book.

11

- Она́ име́ет ко́шку?
- Нет. Она́ не име́ет ко́шку. Она́ не име́ет никаки́х живо́тных.

11

- Does she have a cat?
- No, she does not. She does not have a cat. She has no animal.

12

- Вы име́ете CD-пле́ер?
- Нет, мы не име́ем. Мы не име́ем CD-пле́ер. Мы не име́ем никако́го пле́ера.

12

- Do you have a CD player?
- No, we do not. We do not have a CD player. We have no player.

13

- Где на́ша ка́рта?
- На́ша ка́рта в ко́мнате.
- Она́ на столе́?
- Да.

13

- Where is our map?
- Our map is in the room.
- Is it on the table?
- Yes, it is.

14

- Где ма́льчики?
- Они́ в кафе́.
- Где велосипе́ды?
- Они́ во́зле кафе́.
- Где Андре́й?
- Он в кафе́ то́же.

14

- Where are the boys?
- They are in the café.
- Where are the bikes?
- They are at the café.
- Where is Andrew?
- He is in the café too.

C

Pronunciation

улыба́ться - [улыба́ца] *(to smile)*
боя́ться - [боя́ца] *(to be afraid)*
серди́ться - [серди́ца] *(to be angry)*
гре́ться - [гре́ца] *(to get warm)*
боро́ться - [боро́ца] *(to wrestle)*

The Verb Име́ть

The verb име́ть *(to have)* is sometimes used to designate possession. The following construction is used more often:

У меня́ (есть) кни́га. - *I have a book.*

У нас (есть) книга. - *We have a book.*

У тебя (есть) книга. - *You have a book. (sng)*

У Вас/вас (есть) книга. - *You have a book. (plr)*

У него (есть) книга. - *He/It has a book. (masc. and neut.)*

У неё (есть) книга. - *She has a book.*

У них (есть) книга. - *They have a book.*

Demonstrative Pronouns

A demonstrative pronoun is used to point out a noun or to indicate what you are talking about with your body. Russian demonstrative pronouns этот (this) and тот (that).

Pronoun этот (this) is used to indicate something close by: Этот журнал на русском языке. *This magazine is in Russian.*

Pronoun тот (that) is used to indicate something not so close. Тот журнал на английском языке. *That magazine is in English.*

Тот (that) can be used as the second element of an opposition. Compare:

Этот дом мой, а тот моего друга. *This house is mine, and that one is of my friend.*

Этот студент работает в торговой фирме, а тот студент работает администратором компьютерной сети. *This student works at a retail company and that student works as a computer network administrator.*

Masculine gender - этот (this), тот (that):

Этот дом находится за магазином. *This house is situated behind the store.*

Neuter gender - это (this), то (that):

Я люблю ходить в это кафе. *I like to go to this café.*

Feminine gender - эта (this), та (that):

Эта картина не новая. *This picture is not new.*

All plural - эти (these), те (those):

Приятно читать эти книги. *It is pleasant to read these books.*

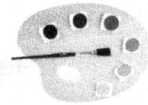

4

Audio

Пожáлуйста, Вы мóжете помóчь?

Can you help, please?

A

Словá
Words

1. áдрес - address
2. банк - bank
3. благодарúть - to thank; Благодарю́ вас - Thank you. Спасúбо - Thanks.
4. брать, взять - to take
5. возмóжно - may; Я, возмóжно, пойдý в банк. - I may go to the bank.
6. говорúть - to speak
7. давáть - to give
8. для - for

9. до́лжен - must; Я до́лжен идти́. - I must go.

10. игра́ть - to play

11. идти́/ходи́ть - to go (on foot)

12. е́хать - to go (by a transport)

13. и́ли - or

14. к, в, на - to; Я иду́ в банк. - I go to the bank.

15. (по)ложи́ть - to place, to put

16. ме́сто - place, помеща́ть - to place

17. мне - to me

18. мо́жно - may, can; Мо́жно помо́чь вам? - May I help you?

19. мочь, уме́ть - can; Я уме́ю/могу́ чита́ть. - I can read.

20. на́до/ну́жно (+ Dative) - need

21. научи́ться - learn to do smth. well

22. нельзя́ (+ Dative) - must not

23. но - but

24. писа́ть - to write

25. пожа́луйста - please

26. по́мощь - help; помо́чь - to help

27. рабо́та - work; рабо́тать - to work

28. сади́ться - to sit down; сиде́ть - to sit

29. свой - his, своя́ - her

30. учи́ть/изуча́ть - learn

31. чита́ть - to read

В

Пожа́луйста, Вы мо́жете помо́чь?

Can you help, please?

1

- Пожа́луйста, Вы мо́жете мне помо́чь?

- Да.

- Я не могу́ написа́ть а́дрес по-ру́сски. Вы мо́жете написа́ть его́ для меня́?

- Да.

- Спаси́бо.

1

- Can you help me, please?

- Yes, I can.

- I cannot write the address in Russian. Can you write it for me?

- Yes, I can.

- Thank you.

2

- Ты уме́ешь игра́ть в те́ннис?

- Нет, не уме́ю. Но я могу́ научи́ться. Ты мо́жешь помо́чь мне научи́ться?

2

- Can you play tennis?

- No, I cannot. But I can learn. Can you help me to learn?

- Да. Я могу́ помо́чь тебе́ научи́ться игра́ть в те́ннис.

- Спаси́бо.

3

- Ты уме́ешь говори́ть по-ру́сски?

- Я уме́ю говори́ть и чита́ть, но не уме́ю писа́ть.

- Ты уме́ешь говори́ть, чита́ть и писа́ть по-украи́нски и́ли по-ру́сски?

- Я уме́ю говори́ть, чита́ть и писа́ть по-украи́нски и по-ру́сски.

- Лю́ба уме́ет говори́ть по-англи́йски?

- Нет, не уме́ет. Она́ украи́нка.

- Уме́ют они́ говори́ть по-ру́сски?

- Да, уме́ют немно́го. Они́ студе́нты и у́чат ру́сский.

- Э́тот ма́льчик не уме́ет говори́ть по-ру́сски.

4

- Где они́?

- Они́ игра́ют сейча́с в те́ннис.

- Мы мо́жем то́же поигра́ть?

- Да, мы мо́жем поигра́ть.

5

- Где Ди́ллард?

- Он, возмо́жно, в кафе́.

6

- Сади́тесь за э́тот стол, пожа́луйста.

- Спаси́бо. Мо́жно я положу́ свои́ кни́ги на

- Yes, I can. I can help you to learn to play tennis.

- Thank you.

3

- Can you speak Russian?

- I can speak and read Russian but I cannot write.

- Can you speak, read and write Ukrainian or Russian?

- I can speak, read and write Ukrainian and Russian.

- Can Liuba speak English?

- No, she cannot. She is Ukrainian.

- Can they speak Russian?

- Yes, they can a little. They are students and they learn Russian.

- This boy cannot speak Russian.

4

- Where are they?

- They play tennis now.

- May we play too?

- Yes, we may.

5

- Where is Dillard?

- He may be at the café.

6

- Sit at this table, please.

- Thank you. May I place my books on that table?

тот стол?

- Да.

7

- Мо́жно Андре́ю сесть за её стол?

- Да.

8

- Мо́жно мне сесть на её крова́ть?

- Нет, нельзя́.

- Мо́жно Лю́бе взять его́ CD-пле́ер?

- Нет. Ей нельзя́ брать его́ CD-пле́ер.

9

- Мо́жно им взять её ка́рту?

- Нет, не на́до.

10

- Тебе́ нельзя́ сади́ться на её крова́ть.

- Ей нельзя́ брать его́ CD-пле́ер.

- Им нельзя́ брать э́ти тетра́ди.

11

- Я до́лжен идти́ в банк.

- До́лжен ты идти́ сейча́с?

- Да.

12

- Ты до́лжен изуча́ть англи́йский язы́к?

- Мне не на́до изуча́ть англи́йский. Я до́лжен изуча́ть ру́сский.

13

- Должна́ она́ идти́ в банк?

- Нет. Ей не обяза́тельно идти́ в банк.

- Yes, you may.

7

- May Andrew sit at her table?

- Yes, he may.

8

- May I sit on her bed?

- No, you must not.

- May Liuba take his CD player?

- No. She must not take his CD player.

9

- May they take her map?

- No, they may not.

10

- You must not sit on her bed.

- She must not take his CD player.

- They must not take these notebooks.

11

- I must go to the bank.

- Must you go now?

- Yes, I must.

12

- Must you learn English?

- I need not learn English. I must learn Russian.

13

- Must she go to the bank?

- No. She need not go to the bank.

- Мо́жно мне взять э́тот велосипе́д?

- Нет, тебе́ нельзя́ брать э́тот велосипе́д.

- Мо́жно нам положи́ть э́ти тетра́ди на её крова́ть?

- Нет. Вам нельзя́ положи́ть тетра́ди на её крова́ть.

- May I take this bike?

- No, you must not take this bike.

- May we place these notebooks on her bed?

- No. You must not place the notebooks on her bed.

Possessive Pronouns

Before: masc. / fem. / neut. / plr.

whose? / чей? / чья? / чьё? / чьи?

my / мой / моя́ / моё / мои́

our / наш / на́ша / на́ше / на́ши

your *(sng)* / твой / твоя́ / твоё / твой

your *(plr)* / ваш / ва́ша / ва́ше / ва́ши

his/its / его́ / его́ / его́ / его́

her / её / её / её / её

their / их / их / их / их

Infinitive

Infinitive form of the verb is the basic form of the verb that is listed in dictionaries. Verbs in infinitive form end in -ать, -ить, -еть, -оть, -ти or -ся (for reflexive verbs): говори́ть, чита́ть, удивля́ться.

Reflexive Verbs

These verbs apply the action to the subject in the sentence. Ending -ся is appended to the standard form of the verb:

умыва́ться - *to wash face*, бри́ться - *to shave*, улыба́ться - *to smile*, боя́ться - *to be afraid*.

5

Audio

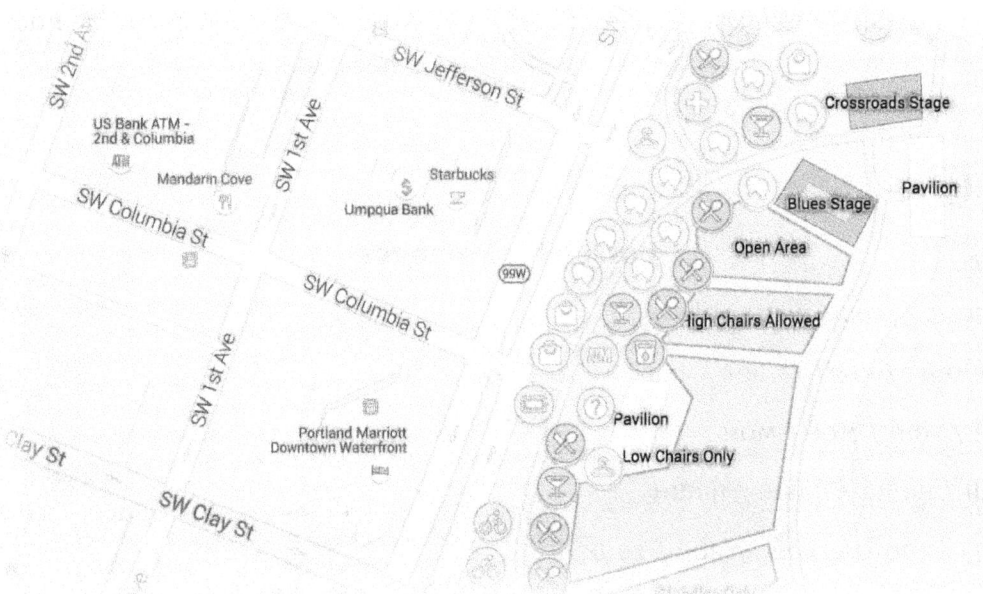

Ди́ллард тепе́рь живёт на Украи́не
Dillard lives in Ukraine now

A

Слова́
Words

1. во́семь - eight
2. газе́та - newspaper
3. де́вочка, де́вушка - girl
4. за́втрак - breakfast;
5. за́втракать - have breakfast
6. идти/ходи́ть - go
7. како́й-нибу́дь, ско́лько-нибу́дь; любо́й - any
8. ку́шать, есть - to eat
9. ли - is used to show that the phrase is a question
10. люби́ть - to like, to love
11. лю́ди - people
12. ме́бель - furniture

13. му́зыка - music
14. на́до, ну́жно - need
15. не́сколько, немно́го - some
16. пить - to drink
17. пло́щадь - square
18. пять - five
19. семь - seven
20. слу́шать - to listen; Я слу́шаю му́зыку. - I listen to music.
21. стул - chair

22. там - there (place)
23. туда́ - there (direction)
24. три - three
25. фе́рма - farm
26. хоро́ший - good
27. хорошо́ - well
28. хоте́ть - to want
29. чай - tea
30. шесть - six

Ди́ллард тепе́рь живёт на Украи́не

1

Лю́ба чита́ет по-англи́йски хорошо́. Я чита́ю по-англи́йски то́же. Студе́нты иду́т в парк. Она́ идёт в парк то́же.

2

Мы живём в Доне́цке. Андре́й сейча́с то́же живёт в Доне́цке. Его́ мать и оте́ц живу́т в Росси́и. Ди́ллард сейча́с живёт на Украи́не. Его́ мать и оте́ц живу́т в США.

3

Студе́нты игра́ют в те́ннис. Андре́й игра́ет хорошо́. Ди́ллард игра́ет не хорошо́.

4

Мы пьём чай. Лю́ба пьёт зелёный чай. Па́ша пьёт чёрный чай. Я пью чёрный чай то́же.

Dillard lives in Ukraine now

1

Liuba reads English well. I read English too. The students go to the park. She goes to the park too.

2

We live in Donetsk. Andrew lives in Donetsk now too. His father and mother live in Russia. Dillard lives in Ukraine now. His father and mother live in the USA.

3

The students play tennis. Andrew plays well. Dillard does not play well.

4

We drink tea. Liuba drinks green tea. Pasha drinks black tea. I drink black tea too.

5

Я слу́шаю му́зыку. Са́ра слу́шает му́зыку то́же. Она́ лю́бит слу́шать хоро́шую му́зыку.

6

Мне ну́жно шесть тетра́дей. Па́ше на́до семь тетра́дей. Лю́бе на́до во́семь тетра́дей.

7

Са́ра хо́чет пить. Я то́же хочу́ пить.

Андре́й хо́чет есть.

8

На столе́ есть газе́та. Андре́й берёт её и чита́ет. Он лю́бит чита́ть газе́ты.

9

В ко́мнате есть немно́го ме́бели.

Там шесть столо́в и шесть сту́льев.

10

В ко́мнате три де́вушки. Они́ едя́т за́втрак. Са́ра ест хлеб и пьёт чай. Она́ лю́бит зелёный чай.

11

На столе́ есть не́сколько книг. Они́ не но́вые. Они́ ста́рые.

12

- Есть ли банк на э́той у́лице?
- Да. На э́той у́лице пять ба́нков. Э́ти ба́нки не больши́е.

13

- Есть ли лю́ди на пло́щади?
- Да. На пло́щади есть не́сколько люде́й.

5

I listen to music. Sarah listens to music too. She likes to listen to good music.

6

I need six notebooks. Pasha needs seven notebooks. Liuba needs eight notebooks.

7

Sarah wants to drink. I want to drink too. Andrew wants to eat.

8

There is a newspaper on the table. Andrew takes it and reads. He likes to read newspapers.

9

There is some furniture in the room. There are six tables and six chairs there.

10

There are three girls in the room. They are eating breakfast. Sarah is eating bread and drinking tea. She likes green tea.

11

There are some books on the table. They are not new. They are old.

12

- Is there a bank in this street?
- Yes, there is. There are five banks in this street. The banks are not big.

13

- Are there people in the square?
- Yes, there are. There are some people in the square.

14

- Есть ли велосипе́ды во́зле кафе́?

- Да. Во́зле кафе́ четы́ре велосипе́да. Они́ не но́вые.

15

- Есть ли на э́той у́лице гости́ница?

- Нет. На э́той у́лице нет гости́ниц.

16

- Есть ли больши́е магази́ны на э́той у́лице?

- Нет. На э́той у́лице нет больши́х магази́нов.

17

- Есть ли фе́рмы на Украи́не?

- Да. На Украи́не мно́го ферм.

18

- Есть ли ме́бель в той ко́мнате?

- Да. Там есть четы́ре стола́ и не́сколько сту́льев.

14

- Are there bikes at the café?

- Yes, there are. There are four bikes at the café. They are not new.

15

- Is there a hotel in this street?

- No, there is not. There are no hotels in this street.

16

- Are there any big shops in that street?

- No, there are not. There are no big shops in that street.

17

- Are there any farms in Ukraine?

- Yes, there are. There are many farms in Ukraine.

18

- Is there any furniture in that room?

- Yes, there is. There are four tables and some chairs there.

C

Absence of there is, there are

In Russian they do not usually use the word есть, име́ется *(there is, there are)*. However they usually use есть in questions and when you emphasize the presence or existence:

На столе́ я́блоко. *There is an apple on the table.*

В холоди́льнике есть о́вощи? *Are there any vegetables in the fridge?*

-В Доне́цке есть интере́сные па́мятники? *Are there any interesting monuments in Donetsk?*

-Да, есть не́сколько. *Yes, there are some.*

Absence is formed with нет:

В Донéцке нет пóрта. *There is no port in Donetsk.*

В холодúльнике нет сýпа. *There is no soup in the fridge.*

Word Order

Russian word order is very flexible. Russians usually begin a sentence with a place or time of an action: Зáвтра я рабóтаю. *I am working tomorrow.* На э́той ýлице мнóго бáнков. *There are a lot of banks in this street.*

Rising of intonation indicates a question: Ты студéнт↑? *Are you a student?*

If a sentence begins with a question word, intonation is usually affirmative: Где магазúн↓? *Where is a shop?*

6

Audio

Ди́ллард име́ет мно́го друзе́й
Dillard has many friends

A

Слова́
Words

1. аге́нтство - agency
2. Андре́я - Andrew's
3. А́ня - Anya (name)
4. (во)внутрь - into
5. дверь - door
6. Ди́лларда - Dillard's
7. друг - friend
8. е́здить - drive, go by a transp.
9. же́нщины - woman's
10. знать - to know
11. идти́ - come, go
12. ка́рта мужчи́ны - man's map
13. компа́кт-диск - CD
14. компью́тер - computer
15. ко́фе - coffee
16. ма́ло - little, few
17. ма́мин - mother's
18. маши́на - car

19. мно́го - much, many

20. Никола́й - Nikolay (name)

21. о́чень - very

22. па́па - dad, па́пин - dad's

23. Па́ши - Pasha's; кни́га Па́ши - Pasha's book

24. плита́ кухо́нная - cooker

25. под - under

26. рабо́та - job; аге́нтство по трудоустро́йству - job agency

27. свобо́дный - free

28. сказа́ть - to say

29. та́кже, то́же - as well

30. чи́стый - clean; чи́стить - to clean

B

Ди́ллард име́ет мно́го друзе́й

1

Ди́ллард име́ет мно́го друзе́й. Друзья́ Ди́лларда хо́дят в кафе́. Они́ лю́бят пить ко́фе. Друзья́ Ди́лларда пьют мно́го ко́фе.

2

Па́па Андре́я име́ет автомоби́ль. Па́пин автомоби́ль чи́стый, но ста́рый. Па́па Андре́я е́здит мно́го. Он име́ет хоро́шую рабо́ту и у него́ сейча́с мно́го рабо́ты.

3

Па́ша име́ет мно́го ди́сков. Ди́ски Па́ши на его́ крова́ти. Сиди-пле́ер Па́ши то́же на его́ крова́ти.

4

Ди́ллард чита́ет украи́нские газе́ты. На столе́ в ко́мнате Ди́лларда мно́го газе́т.

Dillard has many friends

1

Dillard has many friends. Dillard's friends go to the café. They like to drink coffee. Dillard's friends drink a lot of coffee.

2

Andrew's dad has a car. The dad's car is clean but old. Andrew's dad drives a lot. He has a good job and he has a lot of work now.

3

Pasha has a lot of CDs. Pasha's CDs are on his bed. Pasha's CD player is on his bed as well.

4

Dillard reads Ukrainian newspapers. There are many newspapers on the table in Dillard's room.

5

Áня имéет кóшку и собáку. Кóшка Áни в кóмнате под кровáтью. Собáка Áни тóже в кóмнате.

6

В э́том автомоби́ле есть человéк. Э́тот человéк имéет кáрту. Кáрта э́того человéка большáя. Э́тот человéк éздит мнóго.

7

Я студéнт. Я имéю мнóго свобóдного врéмени. Я иду́ в агéнтство по трудоустрóйству. Мне нужнá хорóшая рабóта. У Андрéя и Ди́лларда есть немнóго свобóдного врéмени. Они́ тóже иду́т в агéнтство по труду́. Андрéй имéет компью́тер. Агéнтство мóжет дать Андрéю хорóшую рабóту.

8

Лю́ба имéет нóвую кухóнную плиту́. Плитá Лю́бы хорóшая и чи́стая. Онá готóвит зáвтрак для свои́х детéй. Áня и Пáша - дéти Лю́бы. Дéти Лю́бы пьют мнóго чáя. Мáма пьёт немнóго кóфе. Мáма Áни мóжет сказáть óчень мáло ру́сских слов. Онá говори́т по-ру́сски óчень мáло. Лю́ба имéет рабóту. У неё мáло свобóдного врéмени.

9

Ди́ллард мóжет говори́ть по-ру́сски мáло. Ди́ллард знáет мáло ру́сских слов. Я знáю

5

Anya has a cat and a dog. Anya's cat is in the room under the bed. Anya's dog is in the room as well.

6

There is a man in this car. This man has a map. The man's map is big. This man drives a lot.

7

I am a student. I have a lot of free time. I go to a job agency. I need a good job. Andrew and Dillard have a little free time. They go to the job agency as well. Andrew has a computer. The agency may give Andrew a good job.

8

Liuba has a new cooker. Liuba's cooker is good and clean. She cooks breakfast for her children. Anya and Pasha are Liuba's children. Liuba's children drink a lot of tea. The mother drinks a little coffee. Anya's mother can speak very few Russian words. She speaks Russian very little. Liuba has a job. She has little free time.

9

Dillard can speak Russian little. Dillard knows very few Russian words. I know

много русских слов. Я могу говорить по-русски немного. Эта женщина знает много русских слов. Она может говорить по-русски хорошо.

a lot of Russian words. I can speak Russian a little. This woman knows many Russian words. She can speak Russian well.

10

Николай работает в агентстве по трудоустройству. Это агентство по трудоустройству находится в Донецке. Николай имеет машину. Машина Николая на улице. У Николая много работы. Он должен ехать в агентство. Он едет туда. Николай входит в агентство. Там много студентов. Им нужна работа. Работа Николая - помогать студентам.

10

Nikolay works at a job agency. This job agency is in Donetsk. Nikolay has a car. Nikolay's car is in the street. Nikolay has a lot of work. He must go to the agency. He drives there. Nikolay comes into the agency. There are a lot of students there. They need jobs. Nikolay's job is to help the students.

11

Возле гостиницы стоит машина. Двери машины не чистые. Много студентов живёт в этой гостинице. Комнаты гостиницы маленькие, но чистые. Это комната Дилларда. Окно комнаты большое и чистое.

11

There is a car at the hotel. The doors of this car are not clean. Many students live in this hotel. The rooms of the hotel are little but clean. This is Dillard's room. The window of the room is big and clean.

 C

The months

The months in Russian are very similar to the months in English. The gender of all months in Russian is masculine. Note: the months start with a small letter unless they are at the beginning of a sentence.

Зимние месяцы - декабрь, январь, февраль. *Winter months are December, January, February.*

Весенние месяцы - март, апрель, май. *Spring months are March, April, May.*

Летние месяцы - июнь, июль, август. *Summer months are June, July, August.*

Осе́нние ме́сяцы - сентя́брь, октя́брь, ноя́брь. *Autumn months are September, October, November.*

В ма́е мы бы́ли в Эрмита́же. *We were in the Hermitage Museum in May.*

В декабре́ хо́лодно, но нет сне́га. *It is cold in December, but there is no snow.*

С сентября́ она́ вы́шила 3 но́вых карти́ны. *She has embroidered 3 new pictures since September.*

Я нахожу́сь в Росси́и с ма́я. *I have been in Russia since May.*

7

Audio

Па́ша покупа́ет велосипе́д
Pasha buys a bike

A

Слова́
Words

1. автóбус - bus
2. вáнная кóмната - bathroom; вáнна - bath; вáнный стóлик - bathroom table
3. воскресéнье - Sunday; воскрéсный зáвтрак - Sunday breakfast
4. врéмя, раз - time; врéмя идёт - time goes; два рáза - two times
5. дéлать - to make
6. чаевáрка - tea-maker
7. дом - home, house
8. éхать на - to go by, to ride; éхать на автóбусе - to go by bus
9. занимáть врéмя - take time; Это занимает пять минут. - It takes five minutes.
10. здóрово - cool, great
11. кýхня - kitchen
12. лицó - face

13. нра́виться (passive form +Dative) - like, enjoy; Она́ мне нра́вится. - I like her. (She is liked by me)
14. оди́н за други́м - one by one
15. о́фис - office
16. о́чередь - queue, line of people
17. пое́здка - trip, jorney
18. поку́пка - purchase
19. пото́м, тогда́, зате́м - then; по́сле э́того - after that
20. проводи́ть вре́мя - spend time
21. рабо́чий - worker
22. с - with
23. сего́дня - today
24. спорт - sport; спорти́вный магази́н - sport shop, спорти́вный велосипе́д - sport bike
25. стира́льная маши́на - washer
26. так; поэ́тому - so
27. тормозо́к - snack (at work etc.)
28. умыва́ться - to wash
29. у́тро - morning
30. фи́рма - firm
31. центр - centre; центр го́рода - city centre

 В

Па́ша покупа́ет велосипе́д

Воскре́сное у́тро. Па́ша идёт в ва́нную. Ва́нная ко́мната не больша́я. Там есть ва́нна, стира́льная маши́на и ва́нный сто́лик. Па́ша умыва́ется. Пото́м он идёт на ку́хню. На кухо́нном столе́ стои́т чеева́рка. Па́ша за́втракает. Воскре́сный за́втрак Па́ши не большо́й. Зате́м он гото́вит чай с по́мощью чеева́рки и пьёт его́. Сего́дня он хо́чет пойти́ в спорти́вный магази́н. Па́ша выхо́дит на у́лицу. Он сади́тся на авто́бус семь. Пое́здка на авто́бусе в магази́н занима́ет немно́го вре́мени.

Па́ша вхо́дит в спорти́вный магази́н. Он хо́чет купи́ть но́вый спорти́вный

Pasha buys a bike

It is Sunday morning. Pasha goes to the bathroom. The bathroom is not big. There is a bath, a washer and a bathroom table there. Pasha washes his face. Then he goes to the kitchen. There is a tea-maker on the kitchen table. Pasha eats his breakfast. Pasha's Sunday breakfast is not big. Then he makes some tea with the tea-maker and drinks it. He wants to go to a sport shop today. Pasha goes into the street. He takes bus seven. It takes Pasha a little time to go to the shop by bus.

Pasha goes into the sport shop. He

велосипе́д. Там есть мно́жество спорти́вных ба́йков. Они́ чёрные, си́ние и зелёные. Па́ше нра́вятся си́ние ба́йки. Он хо́чет купи́ть си́ний. В магази́не о́чередь. Поку́пка ба́йка занима́ет у Па́ши мно́го вре́мени. Пото́м он выхо́дит на у́лицу и е́дет на ба́йке. Он е́дет в центр го́рода. Зате́м из це́нтра го́рода он е́дет в городско́й парк. Э́то так здо́рово е́хать на но́вом спорти́вном ба́йке!

Воскре́сное у́тро, но Никола́й в своём о́фисе. У него́ сего́дня мно́го рабо́ты. В о́фис Никола́я стои́т о́чередь. В о́череди мно́го студе́нтов и рабо́чих. Им нужна́ рабо́та. Они́ захо́дят оди́н за други́м в о́фис Никола́я. Они́ разгова́ривают с Никола́ем. Зате́м он даёт адреса́ фирм.

Сейча́с вре́мя переры́ва. Никола́й гото́вит ко́фе при по́мощи кофева́рки. Он ест свою́ еду́ и пьёт ко́фе. Сейча́с в его́ о́фис нет о́череди. Никола́й мо́жет идти́ домо́й. Он выхо́дит на у́лицу. Сего́дня так хорошо́! Никола́й идёт домо́й. Он берёт свои́х дете́й и идёт в городско́й парк. Они́ здо́рово прово́дят там вре́мя.

wants to buy a new sport bike. There are a lot of sport bikes there. They are black, blue and green. Pasha likes blue bikes. He wants to buy a blue one. There is a queue in the shop. It takes Pasha a lot of time to buy the bike. Then he goes to the street and rides the bike. He rides to the city centre. Then he rides from the city centre to the city park. It is so nice to ride a new sport bike!

It is Sunday morning but Nikolay is in his office. He has a lot of work today. There is a queue to Nikolay's office. There are many students and workers in the queue. They need a job. They go one by one into Nikolay's room. They speak with Nikolay. Then he gives addresses of firms.

It is snack time now. Nikolay makes some coffee with the coffee maker. He eats his snack and drinks some coffee. There is no queue to his office now. Nikolay can go home. He goes into the street. It is so nice today! Nikolay goes home. He takes his children and goes to the city park. They have a nice time there.

Asking a Person's Name

Как тебя́/Вас зову́т? *What is your name?*

Как его́ зову́т? *What is his name?*

Как её зову́т? *What is her name?*

Как их зову́т? *What are their names?*

Saying a Person's Name

Меня́ зову́т А́ня. *My name is Anya.*

Его́ зову́т Евге́ний. *His name is Yevgeny.*

Её зову́т На́стя. *Her name is Nastya.*

Их зову́т Али́на и Михаи́л. *Their names are Alina and Mihail.*

8

Audio

Лю́ба хо́чет купи́ть но́вый DVD

Luba wants to buy a newer DVD

A

Слова́

Words

1. бо́лее; бо́льше - more
2. видеоди́ск - DVD
3. видеокассе́та - videocassette
4. видеомагази́н - video-shop
5. два́дцать - twenty
6. дли́нный - long
7. дружелю́бный - friendly
8. интере́сный - interesting
9. люби́мый - favorite
10. молодо́й - young
11. о, об, про - about;
12. приблизи́тельно - about/appr.

13. пока́зывать - to show
14. приключе́ние - adventure
15. продаве́ц - shop assistant
16. пятна́дцать - fifteen
17. рука́ - hand
18. са́мый - most
19. сказа́ть - to say
20. спроси́ть - to ask;
21. проси́ть - to ask for
22. уходи́ть - to go away
23. узна́ть - to find out, to learn about smth
24. фильм - film
25. час - hour
26. ча́шка - cup
27. чем - than, Никола́й ста́рше чем Лю́ба. - Nikolay is older than Liuba.
28. что - that; Я зна́ю, что э́та кни́га интере́сная. - I know that this book is interesting.
29. я́щик - box

Лю́ба хо́чет купи́ть но́вый DVD

Па́ша и А́ня - де́ти Лю́бы. А́ня - са́мый мла́дший ребёнок. Ей пять лет. Па́ша на пятна́дцать лет ста́рше А́ни. Ему́ два́дцать лет. А́ня намно́го мла́дше Па́ши.

А́ня, Лю́ба и Па́ша на ку́хне. Они́ пьют чай. Ча́шка А́ни больша́я. Ча́шка Лю́бы бо́льше. Ча́шка Па́ши са́мая больша́я.

У Лю́бы мно́го видеокассе́т и DVD с интере́сными фи́льмами. Она́ хо́чет купи́ть бо́лее но́вый фильм. Она́ идёт в видеомагази́н. Там мно́го коро́бок с видеокассе́тами и DVD. Она́ про́сит продавца́ помо́чь ей. Продаве́ц даёт Лю́бе каки́е-то кассе́ты. Лю́ба хо́чет узна́ть бо́льше об э́тих фи́льмах, но продаве́ц ухо́дит.

Liuba wants to buy a new DVD

Pasha and Anya are Liuba's children. Anya is the youngest child. She is five years old. Pasha is fifteen years older than Anya. He is twenty. Anya is much younger than Pasha.

Anya, Liuba and Pasha are in the kitchen. They drink tea. Anya's cup is big. Liuba's cup is bigger. Pasha's cup is the biggest.

Liuba has a lot of videocassettes and DVDs with interesting films. She wants to buy a newer film. She goes to a video-shop. There are many boxes with videocassettes and DVDs there. She asks a shop assistant to help her. The shop assistant hands Liuba some cassettes. Liuba wants to know more about these

В магазине есть ещё одна продавщица, и она более дружелюбная. Она спрашивает Любу о её любимых фильмах. Любе нравятся романтические и приключенческие фильмы. Фильм «Титаник» - это её самый любимый фильм. Продавщица показывает Любе кассету с самым новым голливудским фильмом «Мексиканский друг». Он о романтических приключениях мужчины и молодой женщины в Мексике.

Она также показывает Любе DVD с фильмом «Фирма». Продавщица говорит, что фильм «Фирма» - это один из самых интересных фильмов. И это также один из самых длинных фильмов. Он длится более трёх часов. Любе нравятся фильмы подлиннее. Она говорит, что «Титаник» - это самый интересный и самый длинный фильм, который у неё есть. Люба покупает DVD с фильмом «Фирма». Она благодарит продавщицу и уходит.

films but the shop assistant goes away.

There is one more shop assistant in the shop and she is friendlier. She asks Liuba about her favorite films. Liuba likes romantic films and adventure films. The film "Titanic" is her most favorite film. The shop assistant shows Liuba a cassette with the newest Hollywood film "The Mexican Friend". It is about romantic adventures of a man and a young woman in Mexico.

She shows Liuba a DVD with the film "The Firm" as well. The shop assistant says that the film "The Firm" is one of the most interesting films. And it is one of the longest films as well. It is more than three hours long. Liuba likes longer films. She says that "Titanic" is the most interesting and the longest film that she has. Liuba buys a DVD with the film "The Firm". She thanks the shop assistant and goes.

C

Comparative Form of Adjectives

You can form the comparative of adjective by adding –ее (-ей), -е, -ше: длинный *(long)* - длиннее/длинней *(longer)*, красивый *(beautiful)* - красивее/красивей *(more beautiful)*, тонкий *(thin)* - тоньше *(thinner)*. Common exceptions: хороший *(good)* - лучше *(better)*, плохой *(bad)* - хуже *(worse)*.

You can also form the comparative of adjective by adding the words более *(more)*, менее *(less)*:

умный *(clever)* - более/менее умный *(more/less clever)*, низкий *(low)* - более/менее

ни́зкий *(lower/less low)*, дружелю́бный *(friendly)* - бо́лее/ме́нее дружелю́бный *(more/less friendly)*:

Евге́ний встаёт ра́ньше, чем я. *Yevgeny gets up earlier than I do.*

Э́та програ́мма бо́лее интере́сная, чем та. *This program is more interesting than that one.*

Superlative Form of Adjectives

You can form the superlative by adding -ейший, -айший: умне́йший *(the cleverest)*, сильне́йший *(the strongest)*: Он умне́йший челове́к. *He is the cleverest person.*

You can form the superlative form of adjective by adding the words са́мый, наибо́лее, наиме́нее: у́мный *(clever)* - са́мый у́мный/наибо́лее у́мный *(the cleverest)*, наиме́нее у́мный *(the least clever)*.

Са́мое хоро́шее кафе́ на́шего го́рода нахо́дится на ул. Пу́шкина. *The best café of our town is in Pushkina Street.*

Лёна са́мая у́мная учени́ца на́шего кла́сса. *Lena is the cleverest pupil of our class.*

9

Audio

Андре́й слу́шает америка́нские пе́сни

Andrew listens to American songs

 A

Слова́
Words

1. Анже́ла - Angela
2. бежа́ть - to run
3. во́зле - near
4. голова́ - head; направля́ться - to head, to go
5. де́нь - day
6. звони́ть по телефо́ну - to call on the phone; телефо́нный звоно́к - call; переговорный пункт - call centre
7. и́мя - name (of a person or animal); назва́ние - name (of a thing); называ́ть - to name
8. Испа́ния - Spain
9. ка́ждый - every
10. Кэ́рол - Carol

11. ма́сло - butter; нама́зывать ма́слом - to butter
12. мину́та - minute
13. начина́ть - to begin
14. неиспра́вен - out of order
15. общежи́тие - dorms
16. певе́ц (m), певи́ца (f) - singer
17. пе́ред - before
18. петь - sing
19. пла́тье - dress
20. потому́ что - because
21. просто́й - simple
22. приме́рно - approximately, about
23. пры́гать - to jump; прыжо́к - jump
24. семья́ - family
25. стыди́ться - to be ashamed; ему́ сты́дно - he is ashamed
26. су́мка - bag
27. телефо́н - telephone; звони́ть - to telephone
28. фра́за - phrase
29. хлеб - bread
30. шля́па - hat

B

Андре́й слу́шает америка́нские пе́сни

Кэ́рол студе́нтка. Ей два́дцать лет. Кэ́рол из Испа́нии. Она́ живёт в студе́нческом общежи́тии. Она́ о́чень ми́лая де́вушка. Кэ́рол но́сит голубо́е пла́тье. На её голове́ шля́пка.

Кэ́рол хо́чет сего́дня позвони́ть свое́й семье́. Она́ направля́ется на переговорный пункт, потому́ что её телефо́н неиспра́вен. Переговорный пункт нахо́дится пе́ред кафе́. Кэ́рол звони́т свое́й семье́. Она́ разгова́ривает со свои́ми ма́мой и па́пой. Телефо́нный звоно́к занима́ет у неё приме́рно пять мину́т. Зате́м она́ звони́т свое́й подру́ге Анже́ле. Э́тот телефо́нный звоно́к занима́ет у неё приме́рно три мину́ты.

Andrew listens to American songs

Carol is a student. She is twenty years old. Carol is from Spain. She lives in the student dorms. She is a very nice girl. Carol has a blue dress on. There is a hat on her head.

Carol wants to telephone her family today. She heads to the call centre because her telephone is out of order. The call centre is in front of the café. Carol calls her family. She speaks with her mother and father. The call takes her about five minutes. Then she calls her friend Angela. This call takes her about three minutes.

Ди́ллард лю́бит спорт. Он бе́гает ка́ждое у́тро в па́рке во́зле общежи́тия. Сего́дня он то́же бе́гает. Он та́кже пры́гает. Его́ прыжки́ о́чень дли́нные. Андре́й и Па́ша бе́гают и пры́гают с Ди́ллардом. Прыжки́ Па́ши длинне́е. Прыжки́ Андре́я са́мые дли́нные. Он пры́гает лу́чше всех. Пото́м Ди́ллард и Андре́й бегу́т в общежи́тие, а Па́ша бежи́т домо́й.

Ди́ллард за́втракает в свое́й ко́мнате. Он берёт хлеб и ма́сло. Он гото́вит ко́фе при по́мощи кофева́рки. Пото́м он нама́зывает хлеб ма́слом и ест.

Ди́ллард живёт в общежи́тии в Доне́цке. Его́ ко́мната во́зле ко́мнаты Андре́я. Ко́мната Ди́лларда не больша́я. Она́ чи́стая, потому́ что Ди́ллард убира́ет её ка́ждый день. В ко́мнате стол, крова́ть, не́сколько сту́льев и ещё немно́го друго́й ме́бели. Тетра́ди и кни́ги Ди́лларда на столе́. Его́ су́мка под столо́м. Сту́лья во́зле стола́. Ди́ллард берёт в ру́ку не́сколько компа́кт-ди́сков и идёт к Андре́ю, потому́ что Андре́й хо́чет послу́шать америка́нскую му́зыку.

Андре́й в свое́й ко́мнате за столо́м. Его́ кот под столо́м. Пе́ред кото́м лежи́т немно́го хле́ба. Кот ест хлеб. Ди́ллард даёт компа́кт-ди́ски Андре́ю. На э́тих компа́кт-ди́сках лу́чшая америка́нская му́зыка. Андре́й та́кже хо́чет узна́ть имена́ америка́нских певцо́в. Ди́ллард называ́ет

Dillard likes sport. He runs every morning in the park near the dorms. He is running today too. He is jumping as well. His jumps are very long. Andrew and Pasha run and jump with Dillard. Pasha's jumps are longer. Andrew's jumps are the longest. He jumps best of all. Then Dillard and Andrew run to the dorms and Pasha runs home.

Dillard has his breakfast in his room. He takes bread and butter. He makes some coffee with the coffee-maker. Then he butters the bread and eats.

Dillard lives in the dorms in Donetsk. His room is near Andrew's room. Dillard's room is not big. It is clean because Dillard cleans it every day. There is a table, a bed, some chairs and some more furniture in his room. Dillard's books and notebooks are on the table. His bag is under the table. The chairs are at the table. Dillard takes some CDs in his hand and heads to Andrew's because Andrew wants to listen to American music.

Andrew is in his room at the table. His cat is under the table. There is some bread before the cat. The cat eats the bread. Dillard hands the CDs to Andrew. There is the best American music on the CDs. Andrew wants to know the names of the American singers as well. Dillard

своих любимых певцов. Он называет Стинга и Элвиса Пресли. Эти имена новые для Андрея. Он слушает компакт-диски и потом начинает напевать американские песни! Ему очень нравятся эти песни.

Андрей просит Дилларда написать слова песен. Диллард пишет слова лучших американских песен для Андрея. Андрей говорит, что он хочет выучить слова некоторых американских песен и просит Дилларда помочь. Диллард помогает Андрею учить английские слова. Это занимает много времени, потому что Диллард не умеет хорошо говорить по-русски. Дилларду стыдно. Он не может сказать некоторые простые фразы! Потом Диллард идёт в свою комнату и учит русский.

names his favorite singers. He names Sting and Elvis Presley. These names are new to Andrew. He listens to the CDs and then begins to sing the American songs! He likes these songs very much.

Andrew asks Dillard to write the words of the songs. Dillard writes the words of the best American songs for Andrew. Andrew says that he wants to learn the words of some songs and asks Dillard to help. Dillard helps Andrew to learn the English words. It takes a lot of time because Dillard cannot speak Russian well. Dillard is ashamed. He cannot say some simple phrases! Then Dillard goes to his room and learns Russian.

Conjunctions

Conjuctions и *(and)*, или *(or)*, но *(but)* join words or independent clauses that are grammatically equal or similar. These conjunctions show that the elements they join are similar in importance and structure:

Евгений разговаривает на русском и английском языках. *Yevgeny speaks Russian and English.*

Я родилась в Донецке, но учусь я в Симферополе. *I was born in Donetsk, but I study in Simferopol.*

Он живёт в своём доме или квартире? *Does he live in his own house or flat?*

When a conjunction joins independent clauses, it is always correct to place a comma before the conjunction:

Я люблю́ смотре́ть пье́сы в теа́тре, но я обы́чно смотрю́ фи́льмы до́ма. *I like watching plays in the theatre, however I usually watch films at home.*

However, if the independent clauses are short and well-balanced, a comma is not really essential:

На выходны́х мы с му́жем хо́дим в кафе́ и́ли в го́сти к друзья́м. *My husband and I go to a café or visit our friends at weekends.*

When "and" is used with the last word of a list, a comma is omitted:

Я зна́ю таки́х худо́жников как Пика́ссо, Ван Гог, Ши́шкин и Айвазо́вский. *I know painters Picasso, Van Gogh, Shishkin and Aivazovsky.*

10

Audio

Андре́й покупа́ет уче́бники по диза́йну
Andrew buys textbooks on design

A

Слова́
Words

1. ближа́йший - nearby, next
2. ви́деть - to see
3. выбира́ть - to choose
4. гри́вня - hryvnia, рубль - ruble
5. действи́тельно - really
6. диза́йн - design
7. его́ - him, ему́ - to him
8. её - her, ей - to her
9. здра́вствуйте - hello
10. италья́нский - Italian
11. их - them, им - to them
12. карти́н(к)а, изображе́ние - picture
13. не́сколько, немно́го - some, any; любо́й из - any of
14. объясня́ть/объясни́ть - to explain; Не могли́ бы Вы объясни́ть э́то? - Could you explain it? Бы is used for conditionals and for polite speech

15. (за)платить - to pay
16. получать - get, receive, obtain
17. пока - bye; still
18. прекрасный - fine
19. программа - program
20. род - kind, type
21. родной - native
22. смотреть - to look
23. стоить - to cost
24. суббота - Saturday
25. только - only
26. университет - university
27. урок - lesson
28. учебник - textbook
29. учить(-ся) - to study
30. язык - language

B

Андрей покупает учебник по дизайну

Андрей русский и русский его родной язык. Он изучает дизайн в университете в Донецке.

Сегодня суббота и у Андрея много свободного времени. Он хочет купить несколько книг. Он идёт в ближайший книжный магазин. У них могут быть учебники по дизайну. Он входит в магазин и смотрит на столы с книгами. К Андрею подходит женщина. Она - продавщица.

«Здравствуйте. Могу я Вам помочь?» спрашивает продавщица.

«Здравствуйте,» говорит Андрей, «Я изучаю дизайн в университете. Мне нужно несколько учебников. Есть у вас какие-либо учебники по дизайну?» спрашивает её Андрей.

«Какого рода дизайн? У нас есть учебники

Andrew buys textbooks on design

Andrew is Russian and Russian is his native language. He studies design at university in Donetsk.

It is Saturday today and Andrew has a lot of free time. He wants to buy some books on design. He goes to the nearby book shop. They may have some textbooks on design. He comes into the shop and looks at the tables with books. A woman comes to Andrew. She is a shop assistant.

"Hello. Can I help you?" the shop assistant asks him.

"Hello," Andrew says, "I study design at university. I need some textbooks. Do you have any textbooks on design?" Andrew asks her.

"What kind of design? We have some

по мебельному дизайну, автомобильному дизайну, спортивному дизайну, по дизайну для Интернета,» объясняет она ему.

«Не могли бы Вы показать учебники по мебельному дизайну и дизайну для Интернета?» говорит ей Андрей.

«Вы можете выбрать книги с ближайшего стола. Взгляните на них. Это книга итальянского мебельного дизайнера Палатино. Этот дизайнер объясняет дизайн итальянской мебели. Он также объясняет мебельный дизайн Европы и США. Здесь есть также красивые изображения,» объясняет продавщица.

«Я вижу, в книге есть также несколько уроков. Эта книга действительно хорошая. Сколько она стоит?» спрашивает её Андрей.

«Она стоит 52 гривни. И Вы также получаете с книгой компакт-диск. На компакт-диске компьютерная программа для дизайна мебели,» говорит ему продавщица.

«Она мне действительно нравится,» говорит Андрей.

«Здесь Вы можете посмотреть учебники по дизайну для Интернета,» объясняет ему женщина, «Эта книга о компьютерной программе «Майкрософт Офис». А эти книги о компьютерной программе «Флэш». Взгляните на эту красную книгу. Она о «Флэш» и тут есть несколько интересных

textbooks on furniture design, car design, sport design, internet design," she explains to him.

"Can you show me some textbooks on furniture design and internet design?" Andrew says to her.

"You can choose the books from the next tables. Look at them. This is a book by Italian furniture designer Palatino. This designer explains the design of Italian furniture. He explains the furniture design of Europe and the USA as well. There are some fine pictures there," the shop assistant explains.

"I see there are some lessons in the book too. This book is really fine. How much is it?" Andrew asks her.

"It costs 52 hryvnias. And with the book you have a CD. There is a computer program for furniture design on the CD," the shop assistant says to him.

"I really like it," Andrew says.

"You can see some textbooks on internet design there," the woman explains to him, "This book is about the computer program Microsoft Office. And these books are about the computer program Flash. Look at this red book. It is about Flash and it has some interesting lessons. Choose,

уро́ков. Выбира́йте пожа́луйста.»

«Ско́лько сто́ит э́та кра́сная кни́га?» спра́шивает её Андре́й.

«Э́та кни́га с двумя́ компа́кт-ди́сками сто́ит то́лько 43 гри́вни,» говори́т ему́ продавщи́ца.

«Я хочу́ купи́ть кни́гу Палати́но о ме́бельном диза́йне и э́ту кра́сную кни́гу о «Флэш». Ско́лько я до́лжен заплати́ть за них?» спра́шивает Андре́й.

«За э́ти две кни́ги Вы должны́ заплати́ть 95 гри́вней,» говори́т ему́ продавщи́ца.

Андре́й пла́тит. Зате́м он берёт кни́ги и компа́кт-ди́ски.

«До свида́ния,» говори́т ему́ продавщи́ца.

«До свида́ния,» говори́т ей Андре́й и выхо́дит на у́лицу.

please."

"How much is this red book?" Andrew asks her.

"This book, with two CDs, costs only 43 hryvnias," the shop assistant says to him.

"I want to buy this book by Palatino about furniture design and this red book about Flash. How much must I pay for them?" Andrew asks.

"You need to pay 95 hryvnias for these two books," the shop assistant says to him.

Andrew pays. Then he takes the books and the CDs.

"Bye," the shop assistant says to him.

"Bye," Andrew says to her and goes into the street.

 C

Verb Conjugation

Most Russian verbs fall into two groups: first conjugation and second conjugation.

First conj.	Second conj.	
-ю(-у)	-ю (-у)	1st Person Singular I / я
-ешь	-ишь	2nd Person Singular you / ты
-ет	-ит	3d Person Singular he, she, it / он, она́, оно́
-ем	-им	1st Person Plural we / мы
-ете	-ите	2nd Person Plural you / вы, Вы
-ют (-ут)	-ят (-ат)	3d Person Plural they / они́

Conjugation of the Verb хотéть (want)

Я хочу́

Мы хоти́м

Ты хо́чешь

Он, она́, оно́ хо́чет

Вы/вы хоти́те

Они́ хотя́т

Например:

- Ты хо́чешь пойти́ в библиотéку? *Do you want to go to the library?*

- Нет, мой дру́г и я хоти́м пойти́ в кино́. *No, my friend and I want to go to the cinema.*

Conjugation of the Verbs жить (live), говори́ть (speak), рабо́тать (work)

Я: Живу́ / Говорю́ / Рабо́таю

Мы: Живём / Говори́м / Рабо́таем

Ты: Живёшь / Говори́шь / Рабо́таешь

Вы/вы: Живёте / Говори́те / Рабо́таете

Он/она́/оно́: Живёт / Говори́т / Рабо́тает

Они́: Живу́т / Говоря́т / Рабо́тают

11

Ди́ллард хо́чет зарабо́тать немно́го де́нег (часть 1)

Dillard wants to earn some money (part 1)

A

Слова́

Words

1. бы́стро - quickly, бы́стрый - quick
2. в - per; Я зараба́тываю 10 гри́вней в час. - I earn 10 hryvnias per hour.
3. вот почему́ - that is why
4. грузи́ть - to load, гру́зчик - loader; грузови́к - truck
5. день - day, ежедне́вно - daily
6. ещё оди́н - one more
7. запи́ска - note
8. зараба́тывать - to earn

9. конец - finish; кончать - to finish
10. лучше - better
11. номер - number
12. обычный - usual; обычно - usually
13. ответ - answer, отвечать - to answer
14. отдел кадров - personnel department
15. погрузочный, грузовой - loading (adj)
16. понимать - to understand
17. после - after
18. почему - why
19. продолжение следует - to be continued
20. руководитель - the head/manager
21. список - list
22. так как - as, since
23. транспорт - transport (noun), транспортный - transport (adj)
24. трудный - hard
25. хорошо - OK, well
26. час - hour; ежечасно - hourly
27. часть - part
28. час - o'clock, hour; Два часа. - It is two o'clock.
29. энергия - energy
30. ящик - box

Диллард хочет заработать немного денег (часть 1)

У Дилларда есть свободное время ежедневно после университета. Он хочет заработать немного денег. Он идёт в агентство по трудоустройству. Ему дают адрес транспортной фирмы. Транспортной фирме «Рапид» нужен грузчик. Эта работа действительно тяжёлая. Но они платят 20 гривней в час. Диллард хочет получить эту работу. Поэтому он идёт в офис транспортной фирмы.

«Здравствуйте. У меня есть для Вас записка

Dillard wants to earn some money (part 1)

Dillard has free time daily after university. He wants to earn some money. He heads to a job agency. They give him the address of a transport firm. The transport firm Rapid needs a loader. This work is really hard. But they pay 20 hryvnias per hour. Dillard wants to take this job. So he goes to the office of the transport firm.

"Hello. I have a note for you from a job agency," Dillard says to a woman in the

от аге́нтства по трудоустро́йству,» говори́т Ди́ллард же́нщине в отде́ле ка́дров э́той фи́рмы. Он даёт ей запи́ску.

«Здра́вствуйте,» говори́т же́нщина, «Меня́ зову́т Светла́на Ве́жливая. Я руководи́тель отде́ла ка́дров. Как Ва́ше и́мя?»

«Меня́ зову́т Ди́ллард Джо́нсон,» говори́т Ди́ллард.

«Вы не украи́нец?» спра́шивает Светла́на.

«Нет. Я америка́нец,» отвеча́ет Ди́ллард.

«Мо́жете ли Вы хорошо́ говори́ть и чита́ть по-ру́сски?» спра́шивает она́.

«Да,» говори́т он.

«Ди́ллард, ско́лько тебе́ лет?» спра́шивает она́.

«Мне два́дцать лет,» отвеча́ет Ди́ллард.

«Ты хо́чешь рабо́тать в тра́нспортной фи́рме гру́зчиком. Почему́ гру́зчиком?» спра́шивает его́ руководи́тель отде́ла ка́дров.

Ди́лларду сты́дно сказа́ть, что он не мо́жет получи́ть лу́чшую рабо́ту, потому́ что не говори́т по-ру́сски хорошо́. Поэ́тому он говори́т: «Я хочу́ зараба́тывать 20 гри́вней в час.»

«Так-так,» говори́т Светла́на, «На на́шей тра́нспортной фи́рме обы́чно не мно́го погру́зочной рабо́ты. Одна́ко сейча́с нам действи́тельно ну́жен ещё оди́н гру́зчик. Мо́жешь ли ты бы́стро грузи́ть я́щики с 20

personnel department of the firm. He gives her the note.

"Hello," the woman says, "My name is Svetlana Vezhlivaya. I am the head of the personnel department. What is your name?"

"My name is Dillard Johnson," Dillard says.

"Are you not Ukrainian?" Svetlana asks.

"No. I am American," Dillard answers.

"Can you speak and read Russian well?" she asks.

"Yes, I can" he says.

"How old are you, Dillard?" she asks.

"I am twenty years old," Dillard answers.

"You want to work at the transport firm as a loader. Why as a loader?" the head of the personnel department asks him.

Dillard is ashamed to say that he cannot have a better job because he cannot speak Russian well. So he says: "I want to earn 20 hryvnias per hour."

"Well-well," Svetlana says, "Our transport firm usually does not have much loading work. But now we really need one more loader. Can you load quickly boxes with 20 kilograms of

килогра́ммами гру́за?»	load?"
«Да. У меня́ мно́го эне́ргии,» отвеча́ет Ди́ллард.	"Yes, I can. I have a lot of energy," Dillard answers.
«Нам ну́жен гру́зчик ежедне́вно на три часа́. Мо́жешь ли ты рабо́тать с четырёх до семи часо́в?» спра́шивает она́.	"We need a loader daily for three hours. Can you work from four to seven o'clock?" she asks.
«Да, мои́ заня́тия зака́нчиваются в час,» отвеча́ет ей студе́нт.	"Yes, my lessons finish at one o'clock," the student answers to her.
«Когда́ ты мо́жешь нача́ть рабо́ту?» спра́шивает его́ руководи́тель отде́ла ка́дров.	"When can you begin the work?" the head of the personnel department asks him.
«Я могу́ нача́ть сейча́с,» отвеча́ет Ди́ллард.	"I can begin now," Dillard answers.
«Ну что же. Посмотри́ на э́тот погру́зочный спи́сок. В спи́ске назва́ния не́скольких фирм и магази́нов,» объясня́ет Светла́на, «Ка́ждая фи́рма и магази́н име́ют не́сколько номеро́в. Э́то - номера́ я́щиков. А э́то номера́ грузовико́в, куда́ ты до́лжен погрузи́ть э́ти я́щики. Грузовики́ приезжа́ют и уезжа́ют ка́ждый час. Поэ́тому тебе́ на́до рабо́тать бы́стро. Поня́тно?»	"Well. Look at this loading list. There are some names of firms and shops in the list," Svetlana explains, "Every firm and shop has some numbers. They are numbers of the boxes. And these are numbers of the trucks where you must load these boxes. The trucks come and go hourly. So you need to work quickly. OK?"
«Поня́тно,» отвеча́ет Ди́ллард не о́чень хорошо́ понима́я Светла́ну.	"OK," Dillard answers, not understanding Svetlana well.
«Тепе́рь бери́ э́тот погру́зочный лист и иди́ к погру́зочной две́ри но́мер три,» говори́т Ди́лларду руководи́тель отде́ла ка́дров. Ди́ллард берёт погру́зочный лист и идёт рабо́тать.	"Now take this loading list and go to the loading door number three," the head of the personnel department says to Dillard. Dillard takes the loading list and goes to work.
(продолже́ние сле́дует)	(to be continued)

С

Adverbs

Adverbs of place and direction have no special adverbial suffix. They do not change their form for gender, number, and case, i.e. they are invariable.

Adverbs of Place Где? *Where?*

Здесь, тут *(here)*, там *(there)*, до́ма *(at home)*, далеко́ *(far away)*, внизу́ *(below)*, вверху́ *(above, upstairs)*, сза́ди *(behind)*, сле́ва *(on the left)*, спра́ва *(on the right)*, впереди́ *(ahead)*.

Adverbs of Direction Куда́? *Where to?*

Сюда́ *(here)*, туда́ *(there, that way)*, домо́й *(home)*, далеко́ *(far away)*, вниз *(down)*, вверх/наве́рх *(up)*, наза́д *(back)*, нале́во *(to the left)*, напра́во *(to the right)*, вперёд *(ahead)*.

Наприме́р:

Я здесь. Иди́ сюда́. *(I am here. Come here.)*

Она́ там. Иди́ туда́. *(She is there. Go there.)*

Он до́ма. Иди́ домо́й. *(He is at home. Go home.)*

Они́ внизу́. Иди́те вниз. *(They are below. Go down.)*

Мы наверху́. Иди́те наве́рх. *(We are upstairs. Go upstairs.)*

Я сза́ди. Иди́ наза́д. *(I am behind. Come behind.)*

12

Audio

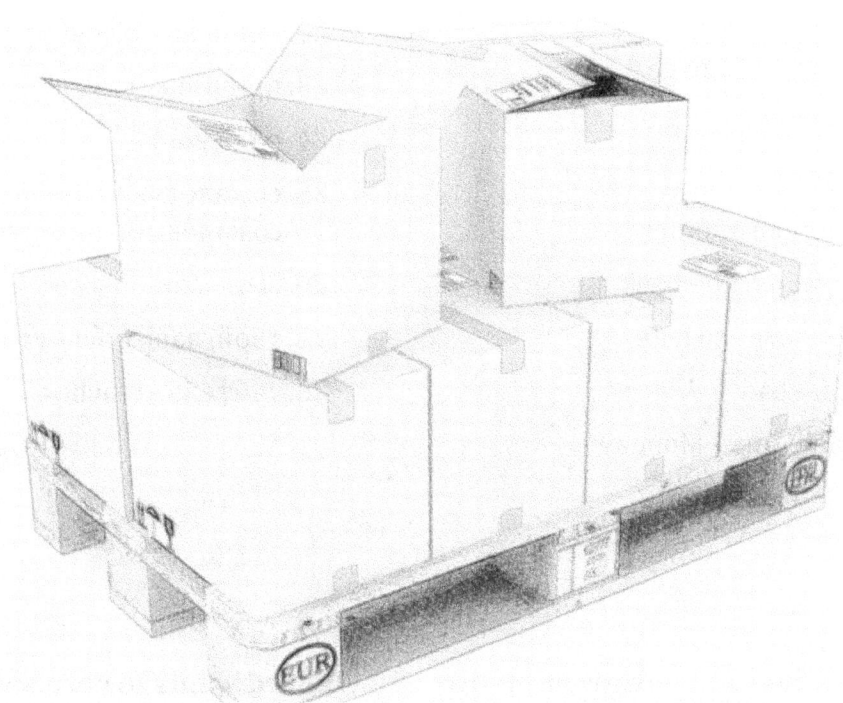

Ди́ллард хо́чет зарабо́тать немно́го де́нег (часть 2)
Dillard wants to earn some money (part 2)

A

Слова́

Words

1. вме́сто - instead of; вме́сто тебя́ - instead of you
2. води́ть - to drive, води́тель - driver
3. возвраща́ться - come/go back
4. встава́ть - to get up; Встава́й! - Get up!
5. встреча́ть(ся) - to meet
6. господи́н - mister
7. жаль (+Dative) - sorry; Мне жаль. - I am sorry.

8. же - is used to soften speech
9. здесь - here (a place), сюда́ - here (a direction), вот - here is
10. знако́миться - get to know smbd; Рад с Ва́ми познако́миться. - I am glad to meet you.
11. идти́ - to walk, to go
12. их - their, them
13. ла́дно - OK, well
14. ма́ма - mom, mother
15. наза́д, обра́тно - back
16. ненави́деть - to hate
17. плохо́й - bad
18. понеде́льник - Monday
19. пора́ - it is time to...
20. пра́вильный - correct; пра́вильно - correctly; непра́вильно - incorrectly исправля́ть - to correct
21. привози́ть - to bring
22. привозя́ - bringing
23. причи́на - reason
24. рад - glad
25. сожале́ть - to be sorry; Я сожале́ю. - I am sorry.
26. сын - son
27. твой, ваш, Ваш - your
28. учи́тель - teacher

В

Ди́ллард хо́чет зарабо́тать немно́го де́нег (часть 2)

Во́зле погру́зочной две́ри но́мер три - мно́го грузовико́в. Они́ возвраща́ются наза́д, привозя́ обра́тно свои́ гру́зы. Руководи́тель отде́ла ка́дров и руководи́тель фи́рмы прихо́дят туда́. Они́ подхо́дят к Ди́лларду. Ди́ллард гру́зит я́щики в грузови́к. Он рабо́тает бы́стро.

«Эй, Ди́ллард! Подойди́ сюда́, пожа́луйста,» зовёт его́ Светла́на, «Э́то руководи́тель фи́рмы господи́н Дохо́д.»

«Рад с Ва́ми познако́миться,» говори́т

Dillard wants to earn some money (part 2)

There are many trucks at the loading door number three. They are coming back bringing back their loads. The head of the personnel department and the head of the firm come there. They come to Dillard. Dillard is loading boxes in a truck. He is working quickly.

"Hey, Dillard! Please, come here," Svetlana calls him, "This is the head of the firm, Mr. Dokhod."

"I am glad to meet you," Dillard says

Диллард подходя́ к ним.

«Я то́же,» отвеча́ет господи́н Дохо́д, «Где твой погру́зочный спи́сок?»

«Вот он,» Ди́ллард даёт ему́ погру́зочный спи́сок.

«Так-так,» говори́т господи́н Дохо́д гля́дя в спи́сок, «Посмотри́ на э́ти грузовики́. Они́ возвраща́ются, привозя́ обра́тно свои́ гру́зы, потому́ что ты гру́зишь я́щики непра́вильно. Я́щики с кни́гами е́дут в ме́бельный магази́н вме́сто кни́жного магази́на, я́щики с видеокассе́тами и DVD е́дут в кафе́ вме́сто видеомагази́на, а коро́бки с бутербро́дами е́дут в видеомагази́н вме́сто кафе́! Это плоха́я рабо́та! Мне жаль, но ты не мо́жешь рабо́тать на на́шей фи́рме,» говори́т господи́н Дохо́д и идёт обра́тно в о́фис.

Ди́ллард не мо́жет грузи́ть я́щики пра́вильно, потому́ что он мо́жет прочита́ть и поня́ть о́чень ма́ло ру́сских слов. Светла́на смо́трит на него́. Ди́лларду сты́дно.

«Ди́ллард, ты мо́жешь вы́учить ру́сский лу́чше и зате́м прийти́ сно́ва. Хорошо́?» говори́т Светла́на.

«Хорошо́,» отвеча́ет Ди́ллард, «До свида́ния Светла́на.»

«До свида́ния Ди́ллард,» отвеча́ет Светла́на.

Ди́ллард идёт домо́й. Он хо́чет тепе́рь

coming to them.

"I too," Mr. Dokhod answers, "Where is your loading list?"

"It is here," Dillard gives him the loading list.

"Well-well," Mr. Dokhod says looking in the list, "Look at these trucks. They come back bringing back their loads because you load the boxes incorrectly. The boxes with books go to a furniture shop instead of the book shop, the boxes with videocassettes and DVDs go to a café instead of the video shop, and the boxes with sandwiches go to a video shop instead of the café! It is bad work! Sorry but you cannot work at our firm," Mr. Dokhod says and walks back to the office.

Dillard cannot load boxes correctly because he can read and understand very few Russian words. Svetlana looks at him. Dillard is ashamed.

"Dillard, you can learn Russian better and then come again. OK?" Svetlana says.

"OK," Dillard answers, "Bye Svetlana."

"Bye Dillard," Svetlana answers.

Dillard walks home. He wants to learn

выучить русский лучше и потом получить новую работу.

Russian better now and then take a new job.

Пора идти в университет

В понедельник утром мама заходит в комнату разбудить своего сына.

«Вставай, семь часов. Пора идти в университет!»

«Но почему, мама? Я не хочу идти.»

«Назови мне две причины почему ты не хочешь идти,» говорит мама сыну.

«Студенты ненавидят меня - раз, и учителя ненавидят меня тоже!»

«Ах, это не причины не идти в университет. Вставай!»

«Ладно. Назови мне две причины почему я должен идти в университет,» говорит он своей маме.

«Ну, во-первых, тебе 55 лет. А во-вторых, ты руководитель университета! Вставай сейчас же!»

It is time to go to university

Monday morning a mother comes into the room to wake up her son.

"Get up, it is seven o'clock. It is time to go to university!"

"But why, Mom? I don't want to go."

"Name me two reasons why you don't want to go," the mother says to the son.

"The students hate me for one and the teachers hate me too!"

"Oh, they are not reasons not to go to university. Get up!"

"OK. Name me two reasons why I must go to university," he says to his mother.

"Well, for one, you are 55 years old. And for two, you are the head of the university! Get up now!"

С

Days of Week

Days of week are not capitalized in Russian, unless they occur in the beginning of a sentence.

Note: a Russian week starts with Monday and ends with Sunday.

Понедельник *(Monday)* В понедельник мы идём на новую работу. *We go to new work on Monday.*

Вто́рник (Tuesday) Во вто́рник я купи́ла краси́вое пла́тье. *I bought a new dress on Tuesday.*

Среда́ (Wednesday) В сре́ду у него́ выходно́й. *He has a day off on Wednesday.*

Четве́рг (Thursday) В четве́рг она́ рабо́тает до шести́ часо́в. *She works till 6 o'clock on Thursday.*

Пя́тница (Friday) В пя́тницу мы пьём пи́во. *We drink beer on Friday.*

Суббо́та (Saturday) Ка́ждую суббо́ту они́ е́дут в Крым. *They go to Crimea every Saturday.*

Воскресе́нье (Sunday) В воскресе́нье мы смотре́ли но́вый фи́льм. *We watched a new film on Sunday.*

Elementary Course

13

Audio

Назва́ние гости́ницы

The name of the hotel

A

Слова́

1. ве́чер - evening
2. ви́деть - to see
3. вниз - down
4. вокру́г - round
5. Герма́ния - Germany
6. глу́пый - silly
7. друго́й - another
8. звёзды - stars
9. зда́ние - building
10. идти́ - to walk
11. из - out of
12. Ка́спер - Kasper (name)
13. кру́глый - round
14. лифт - lift
15. лу́чший - best
16. ми́мо - past
17. мост - bridge
18. над - over
19. нару́жу - outside
20. находи́ть - to find

21. ночь - night

22. óзеро - lake

23. останáвливать(ся) - to stop

24. открывáть - to open

25. покáзывать - to show

26. потóм - then

27. прóчь - away

28. путь - way

29. реклáма - advert

30. сейчáс - now

31. сердúтый - angry

32. снóва, опя́ть - again

33. спать - to sleep

34. стоя́ть - to stand

35. ступня́ - foot

36. опускáть - take down

37. пешкóм - on foot

38. такси́ - taxi; води́тель такси́ - taxi driver

39. удивлéние - surprise

40. удивля́ть - to surprise

41. удивлённый - surprised

42. ужé - already

43. улы́бка - smile

44. улыбáться - to smile

45. устáвший, устáл - tired

46. Форд - Ford

47. чéрез - through, across

В

Назвáние гости́ницы

The name of the hotel

Э́то студéнт. Егó и́мя Кáспер. Кáспер из Гермáнии. Он не умéет говори́ть по-рýсски. Он хóчет учи́ть рýсский язы́к в университéте на Украи́не. Кáспер живёт сейчáс в гости́нице в Донéцке.

Он сейчáс в своéй кóмнате. Он смóтрит на кáрту. Э́то óчень хорóшая кáрта. Кáспер ви́дит на кáрте у́лицы, плóщади и магази́ны. Он выхóдит из кóмнаты и идёт по коридóру к ли́фту. Лифт опускáет егó вниз. Кáспер прохóдит чéрез большóй холл и выхóдит из гости́ницы.

This is a student. His name is Kasper. Kasper is from Germany. He cannot speak Russian. He wants to learn Russian at a university in Ukraine. Kasper lives in a hotel in Donetsk now.

He is in his room now. He is looking at the map. This map is very good. Kasper sees streets, squares and shops on the map. He goes out of the room and through the long corridor to the lift. The lift takes him down. Kasper goes through the big hall and out of the hotel. He stops near the

Он остана́вливается во́зле гости́ницы и запи́сывает назва́ние гости́ницы в свою́ записну́ю кни́жку.

Во́зле гости́ницы нахо́дится кру́глая пло́щадь и о́зеро. Ка́спер идёт че́рез пло́щадь к о́зеру. Он идёт вокру́г о́зера к мосту́. Мно́го легковы́х автомоби́лей, грузовико́в и пешехо́дов иду́т че́рез мост. Ка́спер прохо́дит под мосто́м. Зате́м он идёт по у́лице к це́нтру го́рода. Он прохо́дит ми́мо краси́вых зда́ний.

Уже́ ве́чер. Ка́спер уста́л. Он хо́чет идти́ наза́д в гости́ницу. Он остана́вливает такси́, зате́м открыва́ет свой блокно́т и пока́зывает назва́ние гости́ницы такси́сту. Такси́ст смо́трит в блокно́т, улыба́ется и уезжа́ет. Ка́спер не мо́жет э́того поня́ть. Он стои́т и смо́трит в свой блокно́т. Пото́м он остана́вливает друго́е такси́ и сно́ва пока́зывает такси́сту назва́ние гости́ницы. Такси́ст смо́трит в блокно́т. Пото́м он смо́трит на Ка́спера, улыба́ется и уезжа́ет то́же. Ка́спер удивля́ется.

Он остана́вливает друго́е такси́. Но э́то такси́ то́же уезжа́ет прочь. Ка́спер ничего́ не мо́жет поня́ть. Он удивлён и рассе́ржен. Но он не глуп. Он открыва́ет свою́ ка́рту и нахо́дит путь к гости́нице. Он прихо́дит обра́тно в гости́ницу пешко́м.

Ночь. Ка́спер в свое́й крова́ти. Он спит. В

hotel and writes the name of the hotel into his notebook.

There is a round square and a lake at the hotel. Kasper goes across the square to the lake. He walks round the lake to the bridge. Many cars, trucks and people go over the bridge. Kasper goes under the bridge. Then he walks along a street to the city centre. He goes past many nice buildings.

It is evening already. Kasper is tired and he wants to go back to the hotel. He stops a taxi, then opens his notebook and shows the name of the hotel to the taxi driver. The taxi driver looks in the notebook, smiles and drives away. Kasper cannot understand it. He stands and looks in his notebook. Then he stops another taxi and shows the name of the hotel to the taxi driver again. The driver looks in the notebook. Then he looks at Kasper, smiles and drives away too. Kasper is surprised.

He stops another taxi. But this taxi drives away too. Kasper cannot understand it. He is surprised and angry. But he is not silly. He opens his map and finds the way to the hotel. He comes back to the hotel on foot.

It is night. Kasper is in his bed. He is sleeping. The stars are looking in the room through the window. The notebook

комнату через окно смотрят звёзды. Блокнот на столе. Он открыт. «Форд - лучший автомобиль». Это не название гостиницы. Это реклама на здании гостиницы.

is on the table. It is open. "Ford is the best car". This is not the name of the hotel. This is an advert on the building of the hotel.

 C

Verbs of motion

Идти (perfective), ходить (imperfective) - *to go on foot*

Он идёт в библиотеку. *He is going to the library.*

Он ходит каждые выходные в театр. *He goes to the theatre every weekend.*

Ехать (perf.), ездить (imperf.) - *to go by a vehicle*

Они едут в лес. *They are going to the forest.*

Они редко ездят в деревню к своей бабушке. *They seldom go to the village to their granny.*

Лететь (perf.), летать (imperf.) - *to fly*

Он сейчас летит в Москву. *He is flying to Moscow now.*

Он летает в Китай каждый год. *He flies to Chine every year.*

Плыть (perf.), плавать (imperf.) - *to swim*

Она плывёт ко мне очень быстро. *She swims towards me very quickly.*

Она иногда плавает в нашем бассейне. *She sometimes swims in our swimming pool.*

Бежать (perf.), бегать (imperf.) - *run, jog*

Я бегу домой. *I am running home.*

Я бегаю по утрам. *I go jogging in the mornings.*

Мой ребёнок бегает с друзьями каждый день. *My child runs with friends every day.*

Нести (perf.), носить (imperf.) - *carry in hands*

Он несёт багаж в номер. *He is carrying luggage to the room.*

Вы носите ноутбук на работу? *Do you carry the notebook to work?*

Вести (perf.), водить (imperf.) - *lead, take*

Мы ведём нашего ребёнка в театр. *We are taking our child to the theatre.*

Мы водим нашего сына в сад каждое утро. *We take our son to the garden every morning.*

Везти (perf.), возить (imperf.) - *carry in a vehicle*

Вы везёте эти картины домой? *Are you carrying these pictures home?*

Вы возите картины в машине? *Do you carry pictures in a car?*

14

Аспири́н

Aspirin

А

Слова́

1. апте́ка - pharmacy
2. аспири́н - aspirin
3. бе́лый - white
4. бума́га - paper
5. воню́чий - stinking
6. де́сять - ten
7. ду́мать - to think
8. зада́ча - task
9. кла́ссная ко́мната - classroom
10. коне́чно - of course
11. криста́лл - crystal
12. лист - sheet (of paper)
13. на протяже́нии - during
14. не́сколько, немно́го - some, any
15. общежи́тие - dorms
16. па́рень - guy
17. переры́в - break, pause
18. пи́сьменный стол - desk
19. полови́на - half

20. получи́ть - to get (something), добра́ться - to get (somewhere)
21. по́сле - past
22. пол-девя́того - half past eight
23. поэ́тому - so
24. про́бовать - to try
25. проходи́ть - to pass; сдал экза́мен - passed exam
26. про́шлый - last
27. продолжа́ться - to last
28. наконе́ц - at last
29. пыта́ться - try
30. сади́ться - to sit down
31. се́рый - grey
32. сообрази́тельный - smart
33. таблетка - pill
34. тест - test
35. тести́ровать - to test
36. удиви́тельный - wonderful
37. хими́ческий - chemical(adj) химика́ты - chemicals
38. хи́мия - chemistry
39. ча́сто - often
40. часы́ - watch
41. че́рез - in, че́рез час - in an hour; в - at, в час - at one o'clock
42. что - that (conj)
43. что-то; ко́е-что - something

В

Аспири́н

Э́то друг Ди́лларда. Его́ и́мя Андре́й. Андре́й из Росси́и. Он мо́жет говори́ть по-ру́сски о́чень хорошо́. Ру́сский - его́ родно́й язы́к. Андре́й живёт в общежи́тии. Андре́й в свое́й ко́мнате сейча́с. У Андре́я сего́дня тест по хи́мии. Он смо́трит на свой часы́. Во́сем часо́в. Пора́ идти́.

Андре́й выхо́дит на у́лицу. Он идёт в университе́т. Университе́т во́зле общежи́тия. Путь до университе́та занима́ет у него́ де́сять мину́т. Андре́й подхо́дит к кабине́ту хи́мии. Он открыва́ет дверь и загля́дывает в кабине́т. Там

Aspirin

This is Dillard's friend. His name is Andrew. Andrew is from Russia. He can speak Russian very well. Russian is his native language. Andrew lives in the dorms. Andrew is in his room now. Andrew has a chemistry test today. He looks at his watch. It is eight o'clock. It is time to go.

Andrew goes outside. He goes to the university. The university is near the dorms. It takes him about ten minutes to go to the university. Andrew comes to the chemical classroom. He opens the

несколько студентов и преподаватель. Андрей заходит в кабинет.

«Здравствуйте,» говорит он.

«Здравствуйте,» отвечают студенты и преподаватель.

Андрей идёт к своему столу и садится. Тест по химии начинается в пол-девятого. Преподаватель подходит к столу Андрея.

«Вот твоя задача,» говорит преподаватель. Он даёт Андрею лист бумаги с задачей, «Ты должен получить аспирин. Ты можешь работать с пол-девятого до двенадцати часов. Пожалуйста, начинай,» преподаватель говорит.

Андрей знает эту задачу. Он берёт некоторые химикаты и начинает. Он работает десять минут. Наконец он получает что-то серое и вонючее. Это не хороший аспирин. Андрей знает, что он должен получить большие белые кристаллы аспирина. Тогда он пробует снова и снова. Андрей работает на протяжении часа, но он снова получает что-то серое и вонючее. Андрей рассерженный и усталый. Он не может понять этого. Он останавливается и немного думает. Андрей сообразительный парень. Он думает одну минуту и затем находит ответ! Он встаёт.

«Можно сделать перерыв на десять минут?» спрашивает Андрей

door and looks into the classroom. There are some students and the teacher there. Andrew comes into the classroom.

"Hello," he says.

"Hello," the teacher and the students answer.

Andrew comes to his desk and sits down. The chemistry test begins at half past eight. The teacher comes to Andrew's desk.

"Here is your task," the teacher says. Then he gives Andrew a sheet of paper with the task, "You must make aspirin. You can work from half past eight to twelve o'clock. Begin, please," the teacher says.

Andrew knows this task. He takes some chemicals and begins. He works for ten minutes. At last he gets something grey and stinking. This is not good aspirin. Andrew knows that he must get big white crystals of aspirin. Then he tries again and again. Andrew works for an hour but he gets something grey and stinking again. Andrew is angry and tired. He cannot understand it. He stops and thinks a little. Andrew is a smart guy. He thinks for a minute and then finds the answer! He stands up.

"May I have a break for ten minutes?"

преподавателя.

«Конечно можно,» отвечает преподаватель.

Андрей выходит. Он находит аптеку возле университета. Он заходит и покупает несколько таблеток аспирина. Через десять минут он возвращается назад в кабинет. Студенты сидят и работают. Андрей садится.

«Могу я закончить тест?» говорит Андрей преподавателю через пять минут.

Преподаватель подходит к столу Андрея. Он видит большие белые кристаллы аспирина. Преподаватель останавливается в удивлении. Минуту он стоит и смотрит на аспирин.

«Это удивительно… Твой аспирин такой хороший! Я не могу этого понять! Я часто пытаюсь получить аспирин, но получаю только что-то серое и вонючее,» говорит преподаватель, «Ты прошёл тест,» говорит он.

Андрей уходит после теста. Преподаватель видит что-то белое возле стола Андрея. Он подходит к столу и находит бумажку от таблеток аспирина.

«Сообразительный парень. Ладно, Андрей. Теперь у тебя проблема,» говорит преподаватель.

Andrew asks the teacher.

"Of course, you may," the teacher answers.

Andrew goes outside. He finds a pharmacy near the university. He comes in and buys some pills of aspirin. In ten minutes he comes back to the classroom. The students sit and work. Andrew sits down.

"May I finish the test?" Andrew says to the teacher in five minutes.

The teacher comes to Andrew's desk. He sees big white crystals of aspirin. The teacher stops in surprise. He stands and looks at aspirin for a minute.

"It is wonderful! Your aspirin is so nice! But I cannot understand it! I often try to get aspirin and I get only something grey and stinking," the teacher says, "You passed the test," he says.

Andrew goes away after the test. The teacher sees something white at Andrew's desk. He comes to the desk and finds the paper from the aspirin pills.

"Smart guy. Ok, Andrew. Now you have a problem," the teacher says.

C

To convey an attitude to an action or event you can use рад *(glad)*, уверен *(sure)*, должен *(have to)*, готов *(ready)*, надо / нужно *(need)*, мочь *(can)*. The words рад, уверен, готов are short forms of adjectives and they agree with nouns or pronouns in gender and numeral.

Он рад *(he is glad):* Он рад тебя видеть. *He is glad to see you.*

Она рада *(she is glad):* Она всегда рада хорошим новостям. *She is always glad to hear good news.*

Они рады *(they are glad)* Они рады получить новую работу. *They are glad to get a new job.*

Он должен *(he has to):* Он должен купить хлеб. *He has to buy some bread.*

Она должна *(she has to)* Она должна пойти в магазин сегодня. *She has to go to a shop today.*

Они должны *(they have to)* Они должны отправить письма. *They have to send letters.*

Он готов *(he is ready):* Он готов прийти в понедельник. *He is ready to come on Monday.*

Она готова *(she is ready)* Она готова работать на выходных. *She is ready to work on weekends.*

Они готовы *(they are ready)* Они готовы читать новую книгу. *They are ready to read a new book.*

Он уверен *(he is sure):* Он уверен, что знает этот город хорошо. *He is sure that he knows this town well.*

Она уверена *(she is sure)* Она уверена, что детям нравится это кафе. *She is sure, that the children like this café.*

Они уверены *(they are sure)* Они уверены, что Евгений заходит в магазин каждое утро. *They are sure that Yevgeny stops at the store every morning.*

Note: Dative + надо/нужно + Infinitive, for example:

Мне нужно сесть на автобус номер пять. *I have to get on the bus number five.*

Тебе нужно спать больше. *You should sleep more.*

Вам нужно выпить чашку горячего чая. *You should drink a cup of hot tea.*

15

Audio

А́ня и кенгуру́

Anya and kangaroo

А

Слова́

1. бе́дный - poor
2. би́ть, уда́рить - to hit, to beat
3. ведро́ - pail
4. вме́сте - together
5. вода́ - water
6. во́лосы - hair
7. год - year
8. дава́й, дава́йте (pl) - let us
9. доста́ть/достава́ть - to take out; to get
10. его́ - his, its (for neuter), him
11. зе́бра - zebra
12. зоопа́рк - zoo
13. игру́шка - toy
14. кенгуру́ - kangaroo
15. Как дела́? - How are you?

16. кни́жный шкаф - bookcase
17. когда́ - when
18. крича́ть - to shout, to cry; пла́кать - to weep, to cry
19. ку́кла - doll
20. лев - lion
21. лета́ть - to fly
22. меня́, мне, мной - me
23. ме́сяц - month
24. мо́крый - wet
25. моро́женое - ice-cream
26. нам, нас, на́ми - us
27. неожи́данность - surprise
28. О! - Oh!
29. обезья́на - monkey
30. олимпи́йский - olympic
31. па́дать - to fall, паде́ние - fall
32. пе́рвый - first
33. план - plan, плани́ровать - to plan
34. (по)вести́ - take somewhere
35. по́лный - full
36. пристава́ть к (+Dative) - to bother
37. си́льно - strongly, си́льный - strong
38. сосе́дний - neighbouring, next
39. стека́ть - flow down smth.
40. счастли́вый - happy
41. тигр - tiger
42. ти́хо - quietly
43. тяну́ть - to pull
44. у́хо - ear
45. учи́ться - to study
46. хвост - tail
47. хорошо́ - okay, well
48. что, како́й - what; Что э́то? - What is this? Како́й стол? - Which table?
49. широ́кий - wide; широко́ - widely
50. эй! - hey!
51. я бу́ду - I will (future ind.)

Áня и кенгуру́

Anya and kangaroo

Ди́ллард тепе́рь студе́нт. Он у́чится в университе́те. Он изуча́ет ру́сский язы́к. Ди́ллард живёт в общежи́тии. Он живёт в сосе́дней с Андре́ем ко́мнате.

Ди́ллард сейча́с в свое́й ко́мнате. Он берёт

Dillard is a student now. He studies at a university. He studies Russian. Dillard lives at the dorms. He lives next door to Andrew's.

Dillard is in his room now. He takes the

телефо́н и звони́т своему́ дру́гу Па́ше.

«Алло́,» отвеча́ет на звоно́к Па́ша.

«Алло́ Па́ша. Э́то Ди́ллард. Как дела́?» говори́т Ди́ллард.

«Приве́т Ди́ллард. У меня́ хорошо́. Спаси́бо. А как у тебя́ дела́?» отвеча́ет Па́ша.

«У меня́ то́же хорошо́. Спаси́бо. Я пойду́ погуля́ть. Каки́е пла́ны у тебя́ на сего́дня?» говори́т Ди́ллард.

«Моя́ сестра́ А́ня про́сит меня́ повести́ её в зоопа́рк. Я сейча́с поведу́ её туда́. Пошли́ вме́сте с на́ми,» говори́т Па́ша.

«Хорошо́. Я пойду́ с ва́ми. Где мы встре́тимся?» отвеча́ет Ди́ллард.

«Дава́й встре́тимся на авто́бусной остано́вке Оли́мпик. И попроси́ Андре́я то́же пойти́ с на́ми,» говори́т Па́ша.

«Оке́й. Пока́,» отвеча́ет Ди́ллард.

«Уви́димся. Пока́,» говори́т Па́ша.

Зате́м Ди́ллард идёт в ко́мнату Андре́я. Андре́й в свое́й ко́мнате.

«Приве́т,» говори́т Ди́ллард.

«О, приве́т Ди́ллард. Входи́ пожа́луйста,» говори́т Андре́й. Ди́ллард вхо́дит.

«Я, Па́ша и его́ сестра́ пойдём в зоопа́рк. Пошли́ вме́сте с на́ми,» говори́т Ди́ллард.

«Коне́чно, я то́же пойду́!» говори́т Андре́й.

Ди́ллард и Андре́й иду́т на авто́бусную

telephone and calls his friend Pasha.

"Hello," Pasha answers the call.

"Hello Pasha. It is Dillard here. How are you?" Dillard says.

"Hello Dillard. I am fine. Thanks. And how are you?" Pasha answers.

"I am fine too. Thanks. I will go for a walk. What are your plans for today?" Dillard says.

"My sister Anya asks me to take her to the zoo. I will take her there now. Let us go together," Pasha says.

"Okay. I will go with you. Where will we meet?" Dillard asks.

"Let us meet at the bus stop Olympic. And ask Andrew to come with us too," Pasha says.

"Okay. Bye," Dillard answers.

"See you. Bye," Pasha says.

Then Dillard goes to Andrew's room. Andrew is in his room.

"Hello," Dillard says.

"Oh, hello Dillard. Come in, please," Andrew says. Dillard comes in.

"I, Pasha and his sister will go to the zoo. Will you go together with us?" Dillard asks.

"Of course, I will go too!" Andrew says.

остано́вку Оли́мпик. Они́ ви́дят там Па́шу и его́ сестру́ А́ню.

Сестре́ Па́ши то́лько пять лет. Она́ ма́ленькая де́вочка, и она́ по́лная эне́ргии. Она́ о́чень лю́бит живо́тных. Но А́ня ду́мает, что живо́тные - э́то игру́шки. Живо́тные убега́ют от неё, потому́ что она́ о́чень пристаёт к ним. Она́ мо́жет потяну́ть за хвост и́ли у́хо, уда́рить руко́й и́ли игру́шкой. У А́ни до́ма есть соба́ка и кот. Когда́ А́ня до́ма, соба́ка спит под крова́тью, а кот сиди́т на шкафу́. Так она́ не мо́жет до них доста́ть.

А́ня, Па́ша, Ди́ллард и Андре́й захо́дят в зоопа́рк.

«Я живу́ на Украи́не пять ме́сяцев, но больши́х живо́тных ви́жу в пе́рвый раз,» говори́т Ди́ллард.

В зоопа́рке о́чень мно́го живо́тных. А́ня о́чень ра́да. Она́ подбега́ет ко льву и ти́гру. Она́ ударя́ет зе́бру свое́й ку́клой. Она́ так си́льно тя́нет одну́ обезья́ну за хвост, что все обезья́ны с кри́ками убега́ют. Зате́м А́ня ви́дит кенгуру́. Кенгуру́ пьёт во́ду из ведра́. А́ня улыба́ется и о́чень тихо́нько подхо́дит к кенгуру́. А пото́м…

«Эй! Кенгуру́-у-у!!» кричи́т А́ня и тя́нет его́ за хвост. Кенгуру́ смо́трит на А́ню широко́ откры́тыми глаза́ми и так подпры́гивает от неожи́данности, что ведро́ с водо́й подлета́ет вверх и па́дает на А́ню. Вода́ стека́ет по её волоса́м, лицу́, пла́тью. А́ня

Dillard and Andrew walk to the bus stop Olympic. They see Pasha and his sister Anya there.

Pasha's sister is only five years old. She is a little girl and she is full of energy. She likes animals very much. But Anya thinks that animals are toys. The animals run away from her because she bothers them very much. She can pull tail or ear, hit with a hand or with a toy. Anya has a dog and a cat at home. When Anya is at home the dog is under a bed and the cat sits on the bookcase. So she cannot get them.

Anya, Pasha, Dillard and Andrew come into the zoo.

"I live in Ukraine for five months but see big animals for the first time," Dillard says.

There are very many animals in the zoo. Anya is very happy. She runs to the lion and to the tiger. She hits the zebra with her doll. She pulls the tail of a monkey so strong that all the monkeys run away crying. Then Anya sees a kangaroo. The kangaroo drinks water from a pail. Anya smiles and comes to the kangaroo very quietly. And then…

"Hey!! Kangaroo-oo-oo!!" Anya cries and pulls its tail. The kangaroo looks at Anya with wide open eyes. It jumps in surprise so that the pail with water flies

вся мокрая.

«Ты плохой кенгуру! Плохой!» плачет она.

Некоторые люди улыбаются, а некоторые говорят: «Бедная девочка.» Паша, Диллард и Андрей ведут Аню домой.

«Ты не должна приставать к животным,» говорит Паша и даёт ей мороженое. Аня ест мороженое.

«Ну ладно. Я не буду играть с большими и сердитыми животными. Я буду играть только с маленькими животными,» думает Аня. Она счастлива снова.

up and falls on Anya. Water runs down her hair, her face and her dress. Anya is all wet.
"You are a bad kangaroo! Bad!" she cries.
Some people smile and some people say: "Poor girl." Pasha takes Anya home.
"You must not bother the animals," Pasha says and gives an ice-cream to her. Anya eats the ice-cream.
"Okay. I will not play with very big and angry animals," Anya thinks, "I will play with little animals only." She is happy again.

 C

Prefixes of motion Verbs

при (towards smth or smb): Мы приезжаем сегодня вечером. *We come today evening.*

у (away from smth or smb): Он уезжает в понедельник. *He leaves on Monday.*

пере- (move across smth): Он переходит дорогу с ребёнком. *He crosses the road with a child.*

в, за (into smth): Моя тётя въезжает/заезжает в гараж очень медленно. *My aunt drives into the garage very slowly.* Входите/заходите в комнату, пожалуйста. *Come into the room, please.*

вы (out of smth): Мой дядя выезжает из гаража быстро. *My uncle drives out of the garage quickly.*

про (along, over, past): Мы проходим через мост. *We go over a bridge.* Они проходят мимо автобусной остановки. *They go past a bus stop.*

под (up to smth): Его сестра подходит к продуктовому магазину. *His sister goes up to the grocery shop.*

от (away from smth): Они отходят от офиса через пять минут. *They are going away from the office in five minutes.*

до (reaching smth): Она доедет до Киева через час. *She is getting to Kiev in an hour.*

за (call on the way): Ме заедем к вам, когда будем ехать домой. *We will call you on the way home.*

с (down from smth): Дети хотят съехать с горки. *The children would like to go down from the ice-hill.*

16

Парашюти́сты

Parachutists

 A

Слова́

1. авиашо́у - airshow
2. брю́ки - trousers
3. быть - to be
4. бу́дет - will (he, she, it)
5. великоле́пно - great
6. внутрь - inside
7. во́здух - air
8. восклица́ть - exclaim
9. де́вять - nine
10. де́лать - to do
11. друго́й - other
12. е́сли - if
13. жёлтый - yellow

14. жизнь - life; трюк по спасе́нию жи́зни - life-saving trick
15. закрыва́ть - to close
16. земля́ - land; приземля́ться - to land
17. зри́тели - audience
18. клуб - club
19. кома́нда - team
20. кра́сный - red
21. кро́ме - except, but
22. кры́ша - roof
23. кста́ти - by the way
24. ку́ртка - jacket
25. лови́ть - to catch; зацепи́ть(ся) - to catch on
26. мета́лл, металли́ческий - metal
27. молчали́вый - silent
28. мо́лча - silently
29. молча́ть - to be silent
30. на у́лицу - into the street, outside; из - out of
31. наби́тый внутри́ - stuffed; чу́чело парашюти́ста - stuffed parachutist
32. над - over
33. настоя́щий - real
34. нести́ - take somewhere in hands
35. оде́жда - dress
36. одева́ть/оде́ть - to put on
37. оде́тый - dressed
38. па́дающий - falling
39. па́почка - daddy
40. парашю́т - parachute; парашюти́ст - parachutist
41. пило́т - pilot
42. пойма́ть - to catch
43. полага́ть - to believe
44. по́сле - after
45. пригото́вить(ся) - to prepare
46. рези́на - rubber
47. самолёт - airplane
48. Серге́й - Sergey
49. серди́то - angrily
50. сиде́нье - seat; сади́ться - to take a seat
51. со́бственный - own
52. спаса́ть - to save
53. сходи́ть с - to get off
54. толка́ть - to push
55. то́лько - just, only
56. тренирова́ть - to train
57. трениро́ванный - trained
58. трюк - trick
59. часть - part
60. что́бы - in order to...
61. уча́стник - member
62. э.. - ah..

В

Парашюти́сты / Parachutists

У́тро. Ди́ллард идёт в ко́мнату Андре́я. Андре́й сиди́т за столо́м и что́-то пи́шет. Кот Андре́я Фавори́т - на крова́ти. Он тихо́нько спит.

«Мо́жно войти́?» спра́шивает Ди́ллард.

«А, Ди́ллард. Входи́, пожа́луйста. Как дела́?» говори́т Андре́й.

«Хорошо́. Спаси́бо. Как у тебя́?» говори́т Ди́ллард.

«Прекра́сно. Спаси́бо. Пожа́луйста, сади́сь,» отвеча́ет Андре́й. Ди́ллард сади́тся на стул.

«Ты зна́ешь, что я уча́стник парашю́тного клу́ба. Сего́дня у нас бу́дет авиашо́у,» говори́т Ди́ллард, «Я де́лаю там не́сколько прыжко́в.»

«Э́то о́чень интере́сно,» отвеча́ет Андре́й, «Я, мо́жет быть, пойду́ посмотре́ть э́то авиашо́у.»

«Е́сли хо́чешь, я могу́ взять тебя́ туда́, и ты смо́жешь полета́ть на самолёте,» говори́т Ди́ллард.

«Пра́вда? Э́то бу́дет здо́рово!» восклица́ет Андре́й, «В кото́ром часу́ авиашо́у?»

«Оно́ начина́ется в де́сять часо́в утра́,» отвеча́ет Ди́ллард, «Па́ша то́же придёт. Кста́ти, нам нужна́ по́мощь, что́бы

It is morning. Dillard comes to Andrew's room. Andrew is sitting at the table and writing something. Andrew's cat Favorite is on Andrew's bed. It is sleeping quietly.

"May I come in?" Dillard asks.

"Oh, Dillard. Come in please. How are you?" Andrew answers.

"Fine. Thanks. How are you?" Dillard says.

"I am fine. Thanks. Sit down, please," Andrew answers. Dillard sits down on a chair.

"You know I am a member of a parachute club. We are having an airshow today," Dillard says, "I am going to make some jumps there."

"It is very interesting," Andrew answers, "I may come to see the airshow."

"If you want I can take you there and you can fly in an airplane," Dillard says.

"Really? That will be great!" Andrew cries, "What time is the airshow?"

"It begins at ten o'clock in the morning," Dillard answers, "Pasha will come too. By the way we need help to

вы́толкнуть чу́чело парашюти́ста из самолёта. Ты помо́жешь?»

«Чу́чело парашюти́ста? Заче́м?» говори́т Андре́й удивлённо.

«Ви́дишь ли, э́то ча́сть шо́у,» говори́т Ди́ллард, «Э́то - трюк по спасе́нию жи́зни. Чу́чело парашюти́ста па́дает вниз. В э́то вре́мя настоя́щий парашюти́ст подлета́ет к нему́, хвата́ет его́ и открыва́ет свой со́бственный парашю́т. «Челове́к» спасён!»

«Здо́рово!» отвеча́ет Андре́й, «Я помогу́. Пошли́!»

Андре́й и Ди́ллард выхо́дят на у́лицу. Они́ иду́т на авто́бусную остано́вку Оли́мпик и садя́тся в авто́бус. Доро́га до авиашо́у занима́ет то́лько де́сять мину́т. Когда́ они́ схо́дят с авто́буса, они́ ви́дят Па́шу.

«Приве́т Па́ша,» говори́т Ди́ллард, «Идём к самолёту.»

Во́зле самолёта они́ ви́дят парашю́тную кома́нду. Они́ подхо́дят к руководи́телю кома́нды. Руководи́тель кома́нды оде́т в кра́сные брю́ки и кра́сную ку́ртку.

«Приве́т Серге́й,» говори́т Ди́ллард, «Андре́й и Па́ша помо́гут с трю́ком по спасе́нию жи́зни.»

«Хорошо́. Чу́чело парашюти́ста здесь,» говори́т Серге́й. Он даёт им чу́чело парашюти́ста. Чу́чело парашюти́ста оде́то в кра́сные брю́ки и кра́сную ку́ртку.

push a stuffed parachutist out of the airplane. Will you help?"

"A stuffed parachutist? Why?" Andrew says in surprise.

"You see, it is a part of the show," Dillard says, "This is a life-saving trick. The stuffed parachutist falls down. At this time a real parachutist flies to it, catches it and opens his own parachute. The "man" is saved!"

"Great!" Andrew answers, "I will help. Let's go!"

Andrew and Dillard go outside. They come to the bus stop Olympic and take a bus. It takes only ten minutes to go to the airshow. When they get off the bus, they see Pasha.

"Hello Pasha," Dillard says, "Let's go to the airplane."

They see a parachute team at the airplane. They come to the head of the team. The head of the team is dressed in red trousers and a red jacket.

"Hello Sergey," Dillard says, "Andrew and Pasha will help with the life-saving trick."

"Okay. The stuffed parachutist is here," Sergey says. He gives them the stuffed parachutist. The stuffed parachutist is dressed in red trousers and a red jacket.

«Он одёт как Вы,» говорит Паша улыбаясь Сергею.

«У нас нет времени говорить об этом,» говорит Сергей, «Несите его в этот самолёт.»

Андрей и Паша несут чучело парашютиста в самолёт. Они садятся возле пилота. Вся парашютная команда кроме её руководителя садится в самолёт. Дверь закрывают. Через пять минут самолёт уже в воздухе. Когда он пролетает над Донецком, Паша видит свой собственный дом.

«Смотри! Там мой дом!» восклицает Паша.

Андрей смотрит через окно на улицы, площади, парки города. Летать на самолёте - это удивительно.

«Приготовиться к прыжку!» восклицает пилот. Парашютисты встают. Дверь открывают.

«Десять, девять, восемь, семь, шесть, пять, четыре, три, два, один. Пошли!» восклицает пилот.

Парашютисты начинают прыгать из самолёта. Зрители внизу на земле видят красные, зелёные, белые, синие, жёлтые парашюты. Это выглядит очень красиво! Сергей, руководитель парашютной команды тоже смотрит вверх.
Парашютисты летят вниз и некоторые уже приземляются.

«Окей. Хорошая работа парни,» говорит

"It is dressed like you," Pasha says smiling to Sergey.

"We have no time to talk about it," Sergey says, "Take it into this airplane."

Andrew and Pasha take the stuffed parachutist into the airplane. They take seats at the pilot. All the parachute team but its head gets into the airplane. They close the door. In five minutes the airplane is in the air. When it flies over Donetsk Pasha sees his own house.

"Look! My house is there!" Pasha cries.

Andrew looks through the window at streets, squares, and parks of the city. It is wonderful to fly in an airplane.

"Prepare to jump!" the pilot cries. The parachutists stand up. They open the door.

"Ten, nine, eight, seven, six, five, four, three, two, one. Go!" the pilot cries.

The parachutists begin to jump out of the airplane. The audience down on the land sees red, green, white, blue, yellow parachutes. It looks very nice. Sergey, the head of the parachute team is looking up too. The parachutists are flying down and some are landing already.

"Okay. Good work guys," Sergey says

Сергей и идёт в ближайшее кафе выпить кофе. Авиашоу продолжается.

«Приготовиться к трюку по спасению жизни!» восклицает пилот.

Паша и Андрей несут чучело парашютиста к двери.

«Десять, девять, восемь, семь, шесть, пять, четыре, три, два, один. Пошёл!» восклицает пилот.

Андрей и Паша толкают чучело парашютиста в дверь. Оно выходит, но затем останавливается. Его резиновая рука зацепляется за какую-то металлическую часть самолёта.

«Давайте-давайте ребята!» кричит пилот.

Ребята толкают чучело парашютиста очень сильно, но не могут вытолкнуть его.

Зрители внизу на земле видят парашютиста одетого в красное в двери самолёта. Два других человека пытаются вытолкнуть его. Люди не могут поверить своим глазам. Это продолжается примерно минуту. Затем парашютист в красном падает вниз. Другой парашютист выпрыгивает из самолёта и пытается схватить его. Но он не может этого сделать. Парашютист в красном падает вниз. Он падает сквозь крышу вовнутрь кафе. Зрители молча смотрят. Затем они видят, как человек одетый в красное выбегает из кафе. Этот человек в красном - Сергей,

and goes to the nearby café to drink some coffee. The airshow goes on.

"Prepare for the life-saving trick!" the pilot cries.

Pasha and Andrew take the stuffed parachutist to the door.

"Ten, nine, eight, seven, six, five, four, three, two, one. Go!" the pilot cries.

Andrew and Pasha push the stuffed parachutist through the door. It goes out but then stops. Its rubber "hand" catches on some metal part of the airplane.

"Go-go boys!" the pilot cries.

The boys push the stuffed parachutist very strongly but cannot get it out.

The audience down on the land sees a man dressed in red in the airplane door. Two other men are trying to push him out. People cannot believe their eyes. It goes on about a minute. Then the parachutist in red falls down. Another parachutist jumps out of the airplane and tries to catch it. But he cannot do it. The parachutist in red falls down. It falls through the roof inside of the café. The audience looks silently. Then the people see a man dressed in red run outside of the café. This man in red is Sergey, the head of the parachutist team. But the audience

руководи́тель парашю́тной кома́нды. Но зри́тели ду́мают, что он - упа́вший парашюти́ст. Он смо́трит вверх и кричи́т серди́то, «Е́сли не мо́жешь пойма́ть челове́ка, то и не бери́сь!»

Зри́тели молча́т.

«Па́па, э́тот челове́к о́чень си́льный,» ма́ленькая де́вочка говори́т своему́ па́пе.

«Он хорошо́ трениро́ван,» отвеча́ет па́па.

По́сле авиашо́у Андре́й и Па́ша подхо́дят к Ди́лларду.

«Ну, как на́ша рабо́та?» спра́шивает Па́ша.

«Э.. О, о́чень хорошо́. Спаси́бо,» отвеча́ет Ди́ллард.

«Е́сли тебе́ ещё нужна́ по́мощь - то́лько скажи́,» говори́т Андре́й.

thinks that he is that falling parachutist. He looks up and cries angrily, "If you cannot catch a man then do not try it!"

The audience is silent.

"Daddy, this man is very strong," a little girl says to her dad.

"He is well trained," the dad answers.

After the airshow Andrew and Pasha go to Dillard.

"Well, how is our work?" Pasha asks.

"Ah... Oh, it is very good. Thank you," Dillard answers.

"If you need some help just say," Andrew says.

 С

Conjugation of the Verb Бежа́ть (run)

Я бегу́

Ты бежи́шь

Он, она́, оно́ бежи́т

Мы бежи́м

Вы/вы бежи́те

Они́ бегу́т

Наприме́р:

А́нна бежи́т домо́й, а её друзья́ бегу́т в университе́т. *Anna runs home, but her friends run to the University.*

Conjugation of the Verb Сидéть (sit)

Я сижу́

Ты сиди́шь

Он, она́, оно́ сиди́т

Мы сиди́м

Вы/вы сиди́те

Они́ сидя́т

Наприме́р:

Ребёнок сиди́т на ма́леньком сту́ле. *A child sits on a small chair.*

Мы иногда́ сиди́м здесь. *We sometimes sit here.*

17

Audio

Вы́ключи газ!
Turn the gas off!

A

Слова́

1. биле́т - ticket
2. бле́дный - pale
3. бу́ду, бу́дем, бу́дешь, бу́дете, бу́дет, бу́дут - will
4. бы́стрый - quick; бы́стро - quickly
5. включа́ть - to turn on; выключа́ть - to turn off
6. всё - everything
7. газ - gas
8. го́лос - voice
9. два́дцать - twenty
10. детса́д - kindergarten
11. желе́зная доро́га - railway; железнодоро́жная ста́нция - railway station
12. живу́щий - living
13. забо́тливый, осторо́жный - careful
14. забы́л - forgot
15. засты́ть - to freeze
16. звони́ть - to ring; звоно́к - ring

17. киломéтр - kilometer
18. кóшечка - pussycat
19. кран - tap
20. кто, котóрый - who
21. момéнт - moment
22. наполня́ть - to fill up
23. не - not
24. незнакóмый - strange
25. немéдленно - immediately
26. неожи́данно - suddenly
27. огóнь - fire
28. оди́ннадцать - eleven
29. пéред тем, как - before doing smth
30. пóезд - train
31. поэ́тому - so
32. прикáзывать - to order
33. распространя́ть(ся) - to spread
34. ря́дом - nearby
35. секретáрь - secretary
36. сóрок четы́ре - forty-four
37. стáвить - to put vertically; ложи́ть - to put horizontally
38. стáнция - station
39. ступня́ - foot
40. пешкóм - on foot
41. телефóнная трýбка - phone handset
42. тем врéменем - meanwhile
43. тёплый - warm; нагревáть - to warm up
44. Колобóков - Kolobokov (surname)
45. ýлица Щóрса - Shchorsa street
46. хи́трый - sly; хи́тро - slyly
47. чáйник - kettle
48. чýвствуя - feeling

Вы́ключи газ!

Семь часóв утрá. Пáша и Áня спят. Их мáма на кýхне. Мáму зовýт Люба. Мáме сóрок четы́ре гóда. Онá - забóтливая жéнщина. Пéред тем, как идти́ на рабóту, Люба убирáет на кýхне. Онá секретáрь. Онá рабóтает в двадцати́ киломéтрах от Донéцка. Люба обы́чно éздит на рабóту на пóезде.

Онá выхóдит на ýлицу.

Turn the gas off!

It is seven o'clock in the morning. Pasha and Anya are sleeping. Their mother is in the kitchen. The mother's name is Liuba. Liuba is forty-four years old. She is a careful woman. Liuba cleans the kitchen before she goes to work. She is a secretary. She works twenty kilometers away from Donetsk. Liuba usually goes to work by train.

Железнодоро́жная ста́нция недалеко́, поэ́тому Лю́ба идёт туда́ пешко́м. Она́ покупа́ет биле́т и сади́тся в по́езд. Доро́га до рабо́ты занима́ет приме́рно два́дцать мину́т. Лю́ба сиди́т в по́езде и смо́трит в окно́. Вдруг она́ замира́ет. Ча́йник! Он стои́т на плите́, и она́ забы́ла вы́ключить газ! Па́ша и А́ня спят. Ого́нь мо́жет распространи́ться на ме́бель и тогда́... Лю́ба бледне́ет. Но она́ сообрази́тельная же́нщина и че́рез мину́ту она́ зна́ет что де́лать. Она́ про́сит же́нщину и мужчи́ну, кото́рые сидя́т ря́дом, позвони́ть ей домо́й, и сказа́ть Па́ше о ча́йнике.

Тем вре́менем Па́ша встаёт, умыва́ется и идёт на ку́хню. Он берёт ча́йник со стола́, наполня́ет его́ водо́й и ста́вит на плиту́. Зате́м он берёт хлеб и ма́сло и де́лает бутербро́ды. А́ня вхо́дит на ку́хню.

«Где моя́ ма́ленькая ко́шечка?» спра́шивает она́.

«Я не зна́ю,» отвеча́ет Па́ша, «Иди́ в ва́нную и умо́й лицо́. Мы сейча́с бу́дем пить чай и есть бутербро́ды. Пото́м я отведу́ тебя́ в де́тский сад.»

А́ня не хо́чет умыва́ться. «Я не могу́ откры́ть кран,» говори́т она́ хи́тро.

«Я помогу́ тебе́,» говори́т её брат. В э́то вре́мя звони́т телефо́н. А́ня бы́стро

She goes outside. The railway station is nearby, so Liuba goes there on foot. She buys a ticket and gets on a train. It takes about twenty minutes to go to work. Liuba sits in the train and looks out of the window. Suddenly she freezes. The kettle! It is on the cooker and she forgot to turn the gas off! Pasha and Anya are sleeping. The fire can spread on the furniture and then... Liuba turns pale. But she is a smart woman and in a minute she knows what to do. She asks a woman and a man, who sit nearby, to telephone her home and tell Pasha about the kettle.

Meanwhile Pasha gets up, washes and goes to the kitchen. He takes the kettle off the table, fills it up with water and puts it on the cooker. Then he takes bread and butter and makes sandwiches. Anya comes into the kitchen.

"Where is my little pussycat?" she asks.

"I do not know," Pasha answers, "Go to the bathroom and wash your face. We will drink some tea and eat some sandwiches now. Then I will take you to the kindergarten."

Anya does not want to wash. "I cannot turn on the water tap," she says slyly.

"I will help you," her brother says. At this moment the telephone rings. Anya runs quickly to the telephone and takes the

бежи́т к телефо́ну и берёт тру́бку.

«Алло́, э́то зоопа́рк. А э́то кто?» говори́т она́. Па́ша берёт у неё тру́бку и говори́т, «Алло́. Э́то Па́ша.»

«Ты Па́ша Колобо́ков прожива́ющий на у́лице Що́рса оди́ннадцать?» спра́шивает незнако́мый же́нский го́лос.

«Да,» отвеча́ет Па́ша.

«Неме́дленно иди́ на ку́хню и вы́ключи газ!» восклица́ет же́нский го́лос.

«Кто Вы? Почему́ я до́лжен вы́ключить газ?» удивлённо говори́т Па́ша.

«Сде́лай э́то сейча́с же!» прика́зывает же́нщина.

Па́ша выключа́ет газ. Па́ша и А́ня смо́трят удивлённо на ча́йник.

«Я не понима́ю,» говори́т Па́ша, «Как э́та же́нщина мо́жет знать, что мы бу́дем пить чай?»

«Когда́ мы бу́дем ку́шать?» спра́шивает его́ сестра́, «Я хочу́ есть.»

«Я то́же хочу́,» говори́т Па́ша и сно́ва включа́ет газ. В э́ту мину́ту сно́ва звони́т телефо́н.

«Алло́,» говори́т Па́ша.

«Ты Па́ша Колобо́ков, кото́рый живёт на у́лице Що́рса оди́ннадцать?» спра́шивает незнако́мый мужско́й

handset.

"Hello, this is the zoo. And who are you?" she says. Pasha takes the handset from her and says, "Hello. This is Pasha."

"Are you Pasha Kolobokov living at eleven Shchorsa street?" the voice of a strange woman asks.

"Yes," Pasha answers.

"Go to the kitchen immediately and turn the gas off!" the woman's voice cries.

"Who are you? Why must I turn the gas off?" Pasha says in surprise.

"Do it now!" the voice orders.

Pasha turns the gas off. Anya and Pasha look at the kettle in surprise.

"I do not understand," Pasha says, "How can this woman know that we will drink tea?"

"When will we eat?" his sister asks, "I am hungry."

"I am hungry too," Pasha says and turns the gas on again. At this minute the telephone rings again.

"Hello," Pasha says.

"Are you Pasha Kolobokov who lives at eleven Shchorsa street?" the voice of a strange man asks.

го́лос.

«Да,» отвеча́ет Па́ша.

«Вы́ключи неме́дленно ку́хонный газ! Будь осторо́жен!» прика́зывает го́лос.

«Оке́й,» говори́т Па́ша и сно́ва выключа́ет газ.

«Пошли́ в детса́д,» говори́т Па́ша А́не, чу́вствуя, что сего́дня они́ не бу́дут пить чай.

«Нет. Я хочу́ чай и бутербро́д,» серди́то говори́т А́ня.

«Ну ла́дно, дава́й сно́ва попро́буем нагре́ть ча́йник,» говори́т её брат и включа́ет газ.

Звони́т телефо́н и на э́тот раз их ма́ма прика́зывает вы́ключить газ. Зате́м она́ всё объясня́ет. Наконе́ц А́ня и Па́ша пьют чай и иду́т в детса́д.

"Yes," Pasha answers.

"Turn off the cooker gas immediately! Be careful!" the voice orders.

"Okay," Pasha says and turns the gas off again.

"Let's go to the kindergarten," Pasha says to Anya feeling that they will not drink tea today.

"No. I want some tea and bread with butter," Anya says angrily.

"Well, let's try to warm up the kettle again," her brother says and turns the gas on.

The telephone rings and this time their mother orders to turn the gas off. Then she explains everything. At last Anya and Pasha drink tea and go to the kindergarten.

С

Conjugation of the Verb Есть (eat)

Я ем

Ты ешь

Он, она́, оно́ ест

Мы еди́м

Вы/вы еди́те

Они́ едя́т

Наприме́р:

Ле́на ест обы́чно на ку́хне. *Lena usually eats in the kitchen.*

Мы иногда́ еди́м в кафе́. *We sometimes eat in the café.*

Conjugation of the Verb Пить (drink)

Я пью

Ты пьёшь

Он, она, оно пьёт

Мы пьём

Вы/вы пьёте

Они́ пьют

Наприме́р:

Они́ пьют холо́дную во́ду, а моя́ сестра́ пьёт горя́чий чай.

They drink cold water, but my sister drinks hot tea.

18

Аге́нтство по трудоустро́йству
A job agency

A

Слова́

1. бегу́щий - running
2. был, была́, бы́ло - was
3. в час - per hour
4. внима́тельно, аккура́тно - carefully
5. волнова́ться - to worry
6. всё подря́д - all-round
7. до́лжность - position
8. друг дру́га - each other
9. здо́рово - cool, great
10. изда́тельство - publishing
11. индивидуа́льно - individually
12. исто́рия - story

13. как - as, like; Как я. - Like me; так как - as, since

14. консультáнт - consultant

15. консультúровать - to consult

16. лежáть - to lie

17. матрáс - mattress

18. небольшóй городóк - town

19. нóмер - number

20. óпыт - experience

21. очищáя - cleaning

22. писáтельская рабóта - writing work

23. пол - floor

24. половúна - half

25. помóщник - helper

26. посетúтель - visitor

27. прóвод, кáбель - cable

28. пускáть, позвóлить - to let

29. пятнáдцать - fifteen

30. рекомендовáть - to recommend

31. рукá - arm, борóться на рукáх - to arm

32. седовлáсый - gray-headed

33. серьёзно - seriously

34. сúльный - strong; сúльно - strongly

35. сконфýженный - confused

36. смертéльный - deadly

37. снимáть - take off

38. соглашáться - to agree

39. соглáсен/соглáсный - agree (adj)

40. становúться - to take one's stand

41. тáкже, тоже - also, too, as well

42. ток - electric current

43. тот же сáмый - the same; одновремéнно - at the same time

44. трястú(сь) - to shake

45. увéренный - sure

46. ýмственный - mental; ýмственно - mentally

47. физúческая рабóта - manual work

48. шестьдесят - sixty

49. электрúческий - electric

B

Агéнтство по трудоустрóйству

A job agency

Однáжды Андрéй захóдит в кóмнату Дúлларда и вúдит, что егó друг лежúт на кровáти и трясётся. Андрéй вúдит электрúческие проводá идýщие от Дúлларда

One day Andrew goes to Dillard's room and sees that his friend is lying on the bed and shaking. Andrew sees some electrical cables running from

к электрическому чайнику. Андрей полагает, что Диллард под смертельным электрическим током. Он быстро подходит к кровати, берёт матрац и сильно его тянет. Диллард падает на пол. Потом он встаёт и удивлённо смотрит на Андрея.

«Что это было?» спрашивает Диллард.

«Ты был под электрическим током,» говорит Андрей.

«Нет, я слушаю музыку,» говорит Диллард и показывает свой CD-плеер.

«Ой, извини,» говорит Андрей. Он сконфужен.

«Всё в порядке. Не волнуйся,» спокойно отвечает Диллард отряхивая свой брюки.

«Я и Паша идём в агентство по трудоустройству. Ты хочешь пойти с нами?» спрашивает Андрей.

«Конечно. Давайте пойдём вместе,» говорит Диллард.

Они выходят на улицу и садятся в автобус номер семь. Дорога до агентства по трудоустройству занимает у них примерно пятнадцать минут. Паша уже там. Они входят в здание. В офис агентства по трудоустройству стоит длинная очередь. Они становятся в очередь. Через полчаса они входят в офис. В комнате стол и несколько книжных шкафов. За столом сидит седоволосый мужчина. Ему примерно

Dillard to the electric kettle. Andrew believes that Dillard is under a deadly electric current. He quickly goes to the bed, takes the mattress and pulls it strongly. Dillard falls to the floor. Then he stands up and looks at Andrew in surprise.

"What was it?" Dillard asks.

"You were on electrical current," Andrew says.

"No, I am listening to the music," Dillard says and shows his CD player.

"Oh, I am sorry," Andrew says. He is confused.

"It's okay. Do not worry," Dillard answers quietly cleaning his trousers.

"Pasha and I go to a job agency. Do you want to go with us?" Andrew asks.

"Sure. Let's go together," Dillard says.

They go outside and take the bus number seven. It takes them about fifteen minutes to go to the job agency. Pasha is already there. They come into the building. There is a long queue to the office of the job agency. They stand in the queue. In half an hour they come into the office. There is a table and some bookcases in the room. A gray-headed man is sitting at the table. He is about sixty

шестьдеся́т лет.

«Входи́те ребя́та!» дружелю́бно говори́т он, «Сади́тесь пожа́луйста».

Па́ша, Ди́ллард и Андре́й садя́тся.

«Меня́ зову́т Никола́й Оце́нкин. Я - консульта́нт по трудоустро́йству. Обы́чно я бесе́дую с посети́телями индивидуа́льно. Но, так как вы студе́нты и зна́ете друг дру́га, я могу́ проконсульти́ровать вас всех вме́сте. Вы согла́сны?»

«Да,» говори́т Па́ша, «У нас ка́ждый день три и́ли четы́ре часа́ свобо́дного вре́мени. Нам на́до найти́ рабо́ту на э́то вре́мя.»

«Так. У меня́ есть не́сколько рабо́чих мест для студе́нтов. А ты сними́ свой пле́ер,» господи́н Оце́нкин говори́т Ди́лларду.

«Я могу́ слу́шать одновре́менно му́зыку и Вас,» говори́т Ди́ллард.

«Е́сли ты серьёзно хо́чешь получи́ть рабо́ту, то сними́ свой пле́ер и слу́шай то, что я говорю́,» говори́т господи́н Оце́нкин, «Тепе́рь ребя́та скажи́те, - кака́я рабо́та вам нужна́? Вам нужна́ у́мственная и́ли физи́ческая рабо́та?»

«Я могу́ де́лать любу́ю рабо́ту,» говори́т Андре́й, «Я си́льный. Хоти́те поборо́ться на рука́х?» говори́т он и ста́вит свою́ ру́ку на стол господи́на Оце́нкина.

«Здесь не спорти́вный клуб, но е́сли ты хо́чешь...» говори́т господи́н Оце́нкин. Он

years old.

"Come in guys!" he says friendly, "Take seats, please."

Pasha, Dillard and Andrew sit down.

"My name is Nikolay Otsenkin. I am a job consultant. Usually I speak with visitors individually. But as you are all students and know each other I can consult you all together. Do you agree?"

"Yes," Pasha says, "We have three or four hours of free time every day. We need to find jobs for that time."

"Well. I have some jobs for students. And you take off your player," Mr. Otsenkin says to Dillard.

"I can listen to you and to music at the same time," Dillard says.

"If you seriously want to get a job take the player off and listen carefully to what I say," Mr. Otsenkin says, "Now guys say what kind of job do you need? Do you need mental or manual work?"

"I can do any work," Andrew says, "I am strong. Want to arm?" he says and puts his arm on Mr. Otsenkin's table.

"It is not a sport club here but if you want..." Mr. Otsenkin says. He puts his arm on the table and quickly

ставит руку на стол и быстро ложит руку Андрея, «Как видишь, сынок, ты должен быть не только сильным, но и умным».

«Я умственно тоже могу работать,» Андрей говорит снова. Он очень хочет получить работу. «Я могу писать истории. У меня есть несколько историй о моём родном городе».

«Это очень интересно,» говорит господин Оценкин. Он берёт лист бумаги, «Издательской фирме «Всё подряд» нужен молодой помощник для писательской работы. Они платят пятнадцать гривней в час».

«Здорово!» говорит Андрей, «Можно мне попробовать?»

«Конечно. Вот их телефонный номер и адрес,» говорит господин Оценкин и даёт Андрею лист бумаги.

«А вы парни, можете выбрать работу на ферме, на компьютерной фирме, в газете или в супермаркете. Так как у вас нет опыта, то я рекомендую вам начать работать на ферме. Им нужны два работника,» говорит господин Оценкин Паше и Дилларду.

«Сколько они платят?» спрашивает Паша.

«Сейчас посмотрю…» господин Оценкин смотрит в компьютере, «Им нужны рабочие на три или четыре часа в день и они платят двенадцать гривней в час. Суббота и воскресенье - выходные. Вы соглашаетесь?» спрашивает он.

pushes down Andrew's arm, "As you see son, you must be not only strong but also smart."

"I can work mentally too," Andrew says again. He wants to get a job very much. "I can write stories. I have some stories about my native town."

"This is very interesting," Mr. Otsenkin says. He takes a sheet of paper, "The publishing house "All-round" needs a young helper for a writing position. They pay fifteen hryvnias per hour."

"Cool!" Andrew says, "Can I try?"

"Sure. Here is their telephone number and their address," Mr. Otsenkin says and gives a sheet of paper to Andrew.

"And you guys can choose a job on a farm, in a computer firm, on a newspaper or in a supermarket. As you do not have any experience I recommend you to begin to work in a farm. They need two workers," Mr. Otsenkin says to Pasha and Dillard.

"How much do they pay?" Pasha asks.

"Let me see…" Mr. Otsenkin looks into the computer, "They need workers for three or four hours a day and they pay twelve hryvnias per hour. Saturdays and Sundays are days out. Do you agree?" he asks.

«Я согла́сен,» говори́т Па́ша.

«Я то́же согла́сен,» говори́т Ди́ллард.

«Ну что же. Бери́те но́мер телефо́на и а́дрес фе́рмы,» говори́т господи́н Оце́нкин и даёт им лист бума́ги.

«Спаси́бо,» говоря́т ребя́та и выхо́дят.

"I agree," Pasha says.

"I agree too," Dillard says.

"Well. Take the telephone number and the address of the farm," Mr. Otsenkin says and gives a sheet of paper to them.

"Thank you," the boys say and go outside.

Prepositions of Time

Preposition в is used with names of months, days of week and years to designate time or date answering the question Когда́? (When?):

В э́том году́ он рабо́тает на э́той но́вой фи́рме. *This year he works at this new company.*

В ма́е у меня́ день рожде́ния. *My birthday is in May.*

Preposition че́рез indicates amount of time before the beginning of an action:

Че́рез год мы е́дем в Росси́ю. *We are going to Russia in a year.*

Че́рез два часа́ придёт мой друг. *My friend is coming in two hours.*

Preposition наза́д means ago. It is always positioned after the noun:

Неде́лю наза́д он был в Москве́. *He was in Moscow a week ago.*

Мы ви́дели его́ год наза́д. *We saw him a year ago.*

The meaning of о́коло (around) has meanings of near and approximately:

Мой за́втрак дли́тся о́коло двадцати́ мину́т. *My breakfast usually lasts around twenty minutes.*

The preposition по́сле means after:

По́сле у́жина я люблю́ смотре́ть телеви́зор. *I like watching TV after dinner.*

The preposition до means before or until. It can also mean by:

Ка́ждое у́тро он де́лает заря́дку до за́втрака. *He takes exercises before breakfast every morning.*

Я рабо́таю до пяти́ часо́в. *I work till five o'clock.*

Прихо́дит Евге́ний домо́й к 7 часа́м ве́чера. *Yevgeny comes home by 7 o'clock in the evening.*

На протяже́нии (for/during) shows some period of time:

На протяже́нии ве́чера он игра́ет на компью́тере. *He plays computer games during the evening.*

С (since) is used when an action began in the past and continues till the present moment:

С сентября́ он хо́дит в шко́лу. *He goes to school since September.*

С ... до ... (from... to...):

Он у́жинает со свое́й семьёй с восьми́ до девяти́ часо́в. *He has dinner with his family from eight to nine o'clock.*

19

Па́ша и Ди́ллард мо́ют грузови́к
Pasha and Dillard wash the truck

A

Слова́

1. бе́рег мо́ря - seashore
2. бли́же - closer
3. бли́зко - close, nearby
4. бо́льшая часть - most (part) of
5. вдоль - along
6. владе́лец - owner
7. води́тельские права́ - driving license
8. волна́ - wave
9. восьмо́й - eighth

10. второ́й - second
11. выполня́ть - perform, carry out
12. далеко́ - far
13. да́льше - further
14. дви́гатель - engine
15. двор - yard
16. девя́тый - ninth
17. деся́тый - tenth
18. дово́льно (таки́) - quite
19. доро́га - road, street, way
20. ждать - to wait
21. заводи́ть - start a machine/engine
22. иска́ть - to look for
23. испо́льзовать - to use
24. кача́ясь - pitching
25. колесо́ - wheel
26. кора́бль - ship
27. маши́на - machine
28. ме́дленно - slowly
29. метр - meter
30. Михаи́л - Mikhail
31. мно́го - a lot, much, many
32. мо́йка - washing, мыть - to wash
33. мо́ре - sea
34. нажима́я ного́й - stepping
35. начина́ть - to start
36. нести́ - to carry in hands; везти́ - to carry by transport
37. никако́й - not any, no
38. пере́дний - front
39. плыть - to float, to swim
40. погру́зочный - loading (adj)
41. поднима́ть - to lift
42. подходя́щий - suitable
43. по́ле - field
44. (по)мы́ть - to wash
45. прибы́ть - to arrive
46. проверя́ть - to check
47. пя́тый - fifth
48. работода́тель - employer
49. разгружа́ть - to unload
50. седьмо́й - seventh
51. семена́ - seed
52. си́ла - strength
53. сли́шком - too
54. сли́шком большо́й - too big
55. снача́ла - at first
56. то́рмоз - brake, тормози́ть - to brake
57. тре́тий - third
58. четвёртый - fourth
59. чи́стка - cleaning
60. чуть(-чуть) - a (little) bit
61. шесто́й - sixth
62. я́щик - box

В

Паша и Диллард моют грузовик

Паша и Диллард теперь работают на ферме. Они работают три или четыре часа каждый день. Работа довольно тяжёлая. Они должны делать каждый день много работы. Они убирают на ферме через день. Они моют фермерские машины один раз в три дня. Раз в четыре дня они работают на фермерском поле. Их работодателя зовут Михаил Крепкий. Господин Крепкий владелец фермы, и он выполняет большую часть работы. Михаил Крепкий работает много. Он также даёт много работы Паше и Дилларду.

«Эй парни, заканчивайте мыть машины, возьмите грузовик и езжайте на транспортную фирму «Рапид», говорит Михаил Крепкий, «У них есть для меня груз. Погрузите ящики с семенами в грузовик, привезите на ферму и разгрузите на фермерском дворе. Сделайте это быстро, потому что мне нужно использовать семена сегодня. И не забудьте помыть грузовик».

«Хорошо,» говорит Паша. Они заканчивают мыть и садятся в грузовик. У Паши есть водительские права, поэтому он ведёт грузовик. Он заводит двигатель и едет сначала медленно через фермерский

Pasha and Dillard wash the truck

Pasha and Dillard are working on a farm now. They work three or four hours every day. The work is quite hard. They must do a lot of work every day. They clean the farm yard every second day. They wash the farm machines every third day. Every fourth day they work in the farm fields. Their employer's name is Mikhail Krepky. Mr. Krepky is the owner of the farm and he does most of the work. Mr. Krepky works very hard. He also gives a lot of work to Pasha and Dillard.

"Hey boys, finish cleaning the machines, take the truck and go to the transport firm Rapid," Mr. Krepky says, "They have a load for me. Load boxes with the seed in the truck, bring them to the farm, and unload in the farm yard. Do it quickly because I need to use the seed today. And do not forget to wash the truck".

"Okay," Pasha says. They finish cleaning and get into the truck. Pasha has a driving license so he drives the truck. He starts the engine and drives at first slowly through the farm yard, then quickly along the road. The transport

двор, затем быстро по доро́ге. Тра́нспортная фи́рма «Рапи́д» нахо́дится недалеко́ от фе́рмы. Они́ приезжа́ют туда́ че́рез пятна́дцать мину́т. Там они́ и́щут погру́зочную дверь но́мер де́сять. Па́ша осторо́жно ведёт грузови́к по погру́зочному двору́. Они́ проезжа́ют ми́мо пе́рвой две́ри, ми́мо второ́й две́ри, ми́мо тре́тьей, ми́мо четвёртой, ми́мо пя́той, ми́мо шесто́й, ми́мо седьмо́й, ми́мо восьмо́й, затем ми́мо девя́той погру́зочной две́ри. Па́ша подъезжа́ет к деся́той погру́зочной две́ри и тормози́т.

«Снача́ла мы должны́ прове́рить погру́зочный спи́сок,» говори́т Ди́ллард, у кото́рого уже́ есть о́пыт с погру́зочными спи́сками в э́той тра́нспортной фи́рмой. Он идёт к гру́зчику, кото́рый рабо́тает на э́той две́ри и даёт ему́ погру́зочный спи́сок. Гру́зчик бы́стро загружа́ет пять я́щиков в их грузови́к. Ди́ллард внима́тельно проверя́ет я́щики. Все я́щики име́ют номера́ из погру́зочного спи́ска.

«Номера́ пра́вильные. Тепе́рь мы мо́жем е́хать,» говори́т Ди́ллард.

«Поря́док,» говори́т Па́ша и заво́дит дви́гатель, «Я ду́маю, что тепе́рь мы мо́жем помы́ть грузови́к. Недалеко́ отсю́да есть подходя́щее ме́сто».

Че́рез пять мину́т они́ приезжа́ют на бе́рег мо́ря.

«Ты хо́чешь помы́ть грузови́к здесь?»

firm Rapid is not far from the farm. They arrive there in fifteen minutes. They look for the loading door number ten there. Pasha drives the truck carefully through the loading yard. They go past the first loading door, past the second loading door, past the third, past the fourth, past the fifth, past the sixth, past the seventh, past the eighth, then past the ninth loading door. Pasha drives to the tenth loading door and stops.

"We must check the loading list first," Dillard says, who already has some experience with loading lists at this transport firm. He goes to the loader who works at the door and gives him the loading list. The loader loads quickly five boxes into their truck. Dillard checks the boxes carefully. All numbers on the boxes have numbers from the loading list.

"Numbers are correct. We can go now," Dillard says.

"Okay," Pasha says and starts the engine, "I think we can wash the truck now. There is a suitable place not far from here".

In five minutes they arrive to the seashore.

"Do you want to wash the truck here?" Dillard asks in surprise.

спрашивает Диллард удивлённо.

«Ну да! Хорошее место, правда?» говорит Паша.

«А где мы возьмём ведро?» спрашивает Диллард.

«Нам не надо ведро. Я подъеду очень близко к морю. Мы будем брать воду из моря», говорит Паша и подъезжает очень близко к воде. Передние колёса въезжают в воду и волны набегают на них.

«Давай выйдем и начнём мыть», говорит Диллард.

«Подожди минутку. Я подъеду чуть ближе», говорит Паша и проезжает один или два метра дальше, «Вот так лучше».

Затем большая волна набегает, и вода немного поднимает грузовик и медленно несёт его дальше в море.

«Стоп! Паша, останови грузовик!» кричит Диллард, «Мы уже в воде! Пожалуйста, останови его!»

«Он не останавливается!!» кричит Паша, нажимая ногой на тормоз изо всей силы, «Я не могу остановить его!!»

Грузовик медленно плывёт дальше в море, покачиваясь на волнах как маленький корабль.

(продолжение следует)

"Yeah! It is a nice place, isn't it?" Pasha says.

"And where will we take a pail?" Dillard asks.

"We do not need any pail. I will drive very close to the sea. We will take the water from the sea," Pasha says and drives very close to the water. The front wheels go in the water and the waves run over them.

"Let's get out and begin washing," Dillard says.

"Wait a minute. I will drive a bit closer," Pasha says and drives one or two meters further, "It is better now."

Then a big wave comes and the water lifts the truck a little and carries it slowly further into the sea.

"Stop! Pasha, stop the truck!" Dillard cries, "We are in the water already! Please, stop!"

"It will not stop!!" Pasha cries stepping on the brake with all his strength, "I cannot stop it!!"

The truck is slowly floating further in the sea pitching on the waves like a little ship.

(to be continued)

C

Telling time

There are several ways to ask time:

Ско́лько вре́мени? *(What time is it?)*

Кото́рый час? *(What time is it?)*

Скажи́те, пожа́луйста, ско́лько вре́мени? *Could you tell the time, please?*

Извини́те, Вы не ска́жете кото́рый час? *Excuse me, could you tell me what time it is?*

Сейча́с час. *It's one o'clock.*

Сейча́с два часа́. *It's two o'clock.*

Сейча́с три часа́. *It's three o'clock.*

Сейча́с четы́ре часа́. *It's four o'clock.*

Сейча́с пять часо́в. *It's five o'clock.*

Сейча́с шесть часо́в. *It's six o'clock.*

Сейча́с семь часо́в. *It's seven o'clock.*

Сейча́с во́семь часо́в. *It's eight o'clock.*

Сейча́с де́вять часо́в. *It's nine o'clock.*

Сейча́с де́сять часо́в. *It's ten o'clock.*

Сейча́с оди́ннадцать часо́в. *It's eleven o'clock.*

Сейча́с двена́дцать часо́в. *It's twelve o'clock.*

Наприме́р:

А́нна придёт в семь часо́в. *Ann is coming at seven o'clock.*

Евге́ний встаёт в четы́ре часа́. *Yevgeny gets up at four o'clock.*

Мину́ты:

одна́ мину́та *(one minute)*

две мину́ты *(two minutes)*

три мину́ты *(three minutes)*

четы́ре мину́ты *(four minutes)*

пять минýт (*five minutes*)

шесть минýт (*six minutes*)

дéсять минýт (*ten minutes*)

пятнáдцать минýт (*fifteen minutes*)

двáдцать минýт (*twenty minutes*)

Сейчáс пять часóв дéсять минýт. *It's ten past five.*

Мой рабóчий день начинáется в шесть часóв пятнáдцать минýт. *My working day starts at quarter past six.*

When less than half an hour remains till the beginning of a certain hour, you say без + the number of minutes remained + минýты/минýт + the hour that will come. You can leave минýты/минýт out:

Сейчáс без десятú (минýт) вóсемь. *It is ten to eight.*

Сейчáс без пятнáдцати (минýт) одúннадцать. *It is fifteen to eleven.*

In the first half of an hour you say the number of minutes passed + минýты/минýт + the next hour. You cannot leave минýты/минýт out:

Сейчáс пять минýт пéрвого. *It is five past twelve.*

Сейчáс двáдцать три минýты пя́того. *It is twenty three minutes past four.*

Instead of трúдцать минýт you can use половúна or пол- + часá - *half an hour*. Instead of пятнáдцать минýт you can use чéтверть - *quarter*:

Сейчáс половúна вторóго. *It is half past one.*

Сейчáс пол-седьмóго. *It is half past six.*

Сейчáс без чéтверти дéсять. *It is quarter to ten.*

Сейчáс чéтверть пя́того. *It is quarter past four.*

Па́ша и Ди́ллард мо́ют грузови́к (ча́сть 2)
Pasha and Dillard wash the truck (part2)

А

Слова́

1. ава́рия - accident
2. бе́рег - shore
3. бы́ли - were
4. ве́тер - wind
5. вле́во/нале́во - to/on the left
6. восстана́вливать - to rehabilitate
7. восстановле́ние - rehabilitation
8. впра́во - to/on the right
9. господи́н Соколо́в - Mr. Sokolov
10. два́дцать пять - twenty-five
11. де́ньги - money
12. для, на - for
13. дорого́й - dear
14. журнали́ст - journalist
15. за́втра - tomorrow
16. загрязня́ть - to pollute, Большо́й Загрязни́тель - Big Pollutexxon*
17. кит - whale
18. кит-уби́йца - killer whale
19. контро́ль - control

20. кормить - to feed
21. который - which
22. мне любопытно/интересно - I wonder
23. нефть - oil
24. никогда - never
25. отпускать - to set free
26. плавать - to swim, to float
27. плывущий - swimming, floating
28. погружаться - to sink, to dive
29. постоянный - constant
30. почистил - cleaned
31. пример - example; например - for example
32. проглотить - to swallow
33. происходить - to happen
34. произошло - happened
35. птица - bird
36. речь - speech
37. ситуация - situation
38. смеяться - to laugh

39. смешить - to make laugh
40. сообщать - to inform
41. спасательная служба - rescue service
42. спасать - to rescue
43. танкер - tanker
44. течь - to flow
45. только что - just now
46. (тому) назад - ago; год (тому) назад - a year ago
47. убийца - killer
48. уволить - to fire
49. удивительный - wonderful
50. управлять/рулить - to steer
51. фотографировать/снимать - to photograph
52. фотография/снимок - a photograph
53. фотограф - photographer
54. хотел - wanted
55. церемония - ceremony

Паша и Диллард моют грузовик (часть 2)

Pasha and Dillard wash the truck (part 2)

Грузовик медленно плывёт дальше в море, покачиваясь на волнах как маленький корабль. Паша рулит вправо и влево, нажимая на тормоз и на газ. Но он не может контролировать грузовик. Сильный

The truck is floating slowly further in the sea pitching on the waves like a little ship. Pasha is steering to the left and to the right stepping on the brake and gas. But he cannot control the truck. A

ве́тер несёт его́ вдоль бе́рега. Па́ша и Ди́ллард не зна́ют что де́лать. Они́ про́сто сидя́т и смо́трят из окна́. Морска́я вода́ начина́ет течь вовну́трь.

«Дава́й вы́йдем и ся́дем на кры́шу,» говори́т Ди́ллард.

Они́ садя́тся на кры́шу.

«Мне интере́сно, что ска́жет господи́н Кре́пкий?» говори́т Ди́ллард.

Грузови́к ме́дленно плывёт ме́трах в двадцати́ от бе́рега. Лю́ди на берегу́ остана́вливаются и удивлённо смо́трят на него́.

«Господи́н Кре́пкий мо́жет уво́лить нас,» отвеча́ет Па́ша.

Тем вре́менем руководи́тель университе́та господи́н Соколо́в прихо́дит в свой о́фис. Секрета́рь говори́т ему́, что сего́дня бу́дет церемо́ния. Бу́дут отпуска́ть на во́лю двух птиц по́сле восстановле́ния. Рабо́тники реабилитацио́нного це́нтра счи́стили с них нефть по́сле катастро́фы с та́нкером «Большо́й Загрязни́тель», кото́рая произошла́ ме́сяц наза́д. Господи́н Соколо́в до́лжен сде́лать там речь. Церемо́ния начина́ется че́рез два́дцать пять мину́т. Господи́н Соколо́в и его́ секрета́рь беру́т такси́ и че́рез де́сять мину́т приезжа́ют к ме́сту церемо́нии. Э́ти две пти́цы уже́ там. Тепе́рь они́ не таки́е бе́лые, как обы́чно. Но тепе́рь они́ сно́ва мо́гут лета́ть и

strong wind is pushing it along the seashore. Pasha and Dillard do not know what to do. They are just sitting and looking out of the windows. The sea water begins to run inside.

"Let's go out and sit on the roof," Dillard says.

They sit on the roof.

"What will Mr. Krepky say, I wonder?" Dillard says.

The truck is floating slowly about twenty meters away from the shore. Some people on the shore stop and look at it in surprise.

"Mr. Krepky may fire us," Pasha answers.

Meanwhile the head of the university Mr. Sokolov comes to his office. The secretary says to him that there will be a ceremony today. They will set free two sea birds after rehabilitation. Workers of the rehabilitation centre cleaned oil off them after the accident with the tanker Big Pollutexxon. The accident happened one month ago. Mr. Sokolov must make a speech there. The ceremony begins in twenty-five minutes. Mr. Sokolov and his secretary take a taxi and in ten minutes arrive to the place of the ceremony. These two birds are already there. Now they are

плáвать. Здесь сейчáс мнóго людéй, журналúстов и фотóграфов. Чéрез две минýты церемóния начинáется. Господúн Соколóв начинáет речь.

«Дорогúе друзьá!» говорúт он, «Катастрóфа с тáнкером «Большóй Загрязнúтель», произошлá на э́том мéсте мéсяц назáд. Тепéрь мы должны́ восстановúть мнóго птиц и живóтных. Э́то стóит мнóго дéнег. Напримéр, восстановлéние кáждой из э́тих двух птиц стóит 5000 грúвней! И тепéрь я рад сообщúть вам, что пóсле мéсяца восстановлéния э́ти две удивúтельные птúцы бýдут отпýщены.»

Два человéка берýт я́щик с птúцами, несýт его́ к водé и открывáют. Птúцы выхóдят из я́щика и затéм пры́гают в вóду и плывýт. Фотóграфы дéлают снúмки. Журналúсты распрáшивают рабóтников восстановúтельного цéнтра о живóтных.

Неожúданно большóй кит-убúйца выплывáет, бы́стро проглáтывает птиц и снóва погружáется. Все лю́ди смóтрят на то мéсто, где тóлько что бы́ли птúцы. Руководúтель университéта не вéрит своúм глазáм. Кит-убúйца всплывáет снóва в пóисках другúх птиц. Так как бóльше птиц нет, он опя́ть ухóдит под вóду. Господúн Соколóв тепéрь дóлжен закóнчить свою́ речь.

«Э-э...,» он подбирáет подходя́щие словá,

not so white as usually. But they can swim and fly again now. There are many people, journalists, photographers there now. In two minutes the ceremony begins. Mr. Sokolov begins his speech.

"Dear friends!" he says, "The accident with the tanker Big Pollutexxon happened at this place a month ago. We must rehabilitate many birds and animals now. It costs a lot of money. For example the rehabilitation of each of these birds costs 5,000 hryvnias! And I am glad to inform you now that after one month of rehabilitation these two wonderful birds will be set free."

Two men take a box with the birds, bring it to the water and open it. The birds go out of the box and then jump in the water and swim. The photographers take pictures. The journalists ask workers of the rehabilitation centre about the animals.

Suddenly a big killer whale comes up, quickly swallows those two birds and goes down again. All the people look at the place where the birds were before. The head of the university does not believe his eyes. The killer whale comes up again looking for more birds. As there are no other birds there, it goes down again. Mr. Sokolov must finish his speech now.

«Удиви́тельное постоя́нное тече́ние жи́зни никогда́ не остана́вливается. Больши́е живо́тные едя́т ме́ньших живо́тных и так да́лее.. э-э.. что э́то?» говори́т он, гля́дя на во́ду. Все смо́трят туда́ и ви́дят большо́й грузови́к, плыву́щий вдоль бе́рега и пока́чивающийся на волна́х как кора́бль. Два па́рня сидя́т на нём и смо́трят на ме́сто церемо́нии.

«Здра́вствуйте господи́н Соколо́в,» говори́т Ди́ллард, «Заче́м Вы ко́рмите кито́в-уби́йц пти́цами?

«Здра́вствуй Ди́ллард,» отвеча́ет господи́н Соколо́в, «Что вы там де́лаете па́рни?»
«Мы хоте́ли помы́ть грузови́к,» отвеча́ет Па́ша.
«Понима́ю,» говори́т господи́н Соколо́в. Не́которых люде́й э́та ситуа́ция начина́ет смеши́ть. Они́ начина́ют смея́ться.
«Ну что же, сейча́с я вы́зову спаса́тельную слу́жбу. Они́ доста́нут вас из воды́. А за́втра я хочу́ ви́деть вас в моём о́фисе,» говори́т руководи́тель университе́та и звони́т в спаса́тельную слу́жбу.

"Ah...," he chooses suitable words, "The wonderful constant flow of life never stops. Bigger animals eat smaller animals and so on... ah... what is that?" he says looking at the water. All the people look there and see a big truck floating along the shore pitching on the waves like a ship. Two guys sit on it looking at the place of the ceremony.

"Hello Mr. Sokolov," Dillard says, "Why are you feeding killer whales with birds?"

"Hello Dillard," Mr. Sokolov answers, "What are you doing there boys?"
"We wanted to wash the truck," Pasha answers.
"I see," Mr. Sokolov says. Some of the people begin to enjoy this situation. They begin to laugh.
"Well, I will call the rescue service now. They will get you out of the water. And I want to see you in my office tomorrow," the head of the university says and calls the rescue service.

C

Active Participle (Present)

Adjectives are used to describe certain qualities and features of objects: люби́мая вы́шивка *(favorite embroidery)*, свобо́дное вре́мя *(free time)*. If you talk about a quality or a feature that depends on an action, you need to use participles: чита́ющий студе́нт *(a reading student)*, игра́ющая де́вочка *(a playing girl)*. The participle is a special form of the verb that combines the qualities of verbs and adjectives. Participle has qualities of verb (tense, aspect, voice). Participle also has qualities of adjective (gender, number,

case). Participles have typical adjectival endings: - ущ, -ющ, -ащ,-ящ.

Писа́ть - пи́шущий челове́к (to write - a writing man)

Ду́мать - ду́мающий студе́нт (to think - a thinking student)

Крича́ть - крича́щий ребёнок (to scream - a screaming child)

Люби́ть - лю́бящий муж (to love - a loving husband)

Я ви́жу игра́ющего ребёнка. *I see a playing child.*

Там сидя́т чита́ющие студе́нты. *There are some reading students sitting over there.*

Active participles have three genders:

Masculine: пи́шущий ма́льчик *(a writing boy)*

Feminine: пи́шущая де́вочка *(a writing girl)*

Neuter: игра́ющее дитя́ *(a playing baby)*

Active participles have two numbers:

Singular: рабо́тающий челове́к *(a working person)*

Plural: рабо́тающие лю́ди *(working people)*

21

Audio

Уро́к

A lesson

A

Слова́

1. ба́нка - jar
2. без - without
3. бы - would (conditional); Я бы попла́вал, если бы мог пла́вать. - I would swim if I could.
4. ва́жный - important
5. вещь, предме́т - thing
6. внима́ние - attention
7. всё еще - still
8. всегда́ - always
9. действи́тельно - really
10. де́ти - children
11. друг - (boy)friend
12. ещё - else
13. забо́титься - to care
14. здоро́вье - health

15. ка́мень - stone
16. класс - class
17. кото́рый - which, who
18. лишь - only, just
19. ма́ленький - small
20. медици́нский - medical
21. ме́жду - between
22. ме́ньше, ме́нее - less
23. остава́ться - to remain
24. песо́к - sand
25. подру́га - (girl)friend
26. пусто́й - empty
27. роди́тель - parent
28. слегка́ - slightly
29. спо́соб - a way (to do smth)
30. сча́стье - happiness
31. (на)сыпа́ть - to pour
32. телеви́дение - television
33. теря́ть - to loose
34. тест - test
35. тра́тить - to spend
36. убра́ть/убира́ть - to clean, to make neatly
37. уделя́ть вре́мя - take time
38. что-нибу́дь - anything, something
39. э́то - this stuff

B

Уро́к

Руководи́тель университе́та стои́т пе́ред кла́ссом. На столе́ пе́ред ним не́сколько коро́бок и други́х предме́тов. Когда́ уро́к начина́ется, он берёт большу́ю пусту́ю ба́нку и без слов наполня́ет её больши́ми камня́ми.

«Вы ду́маете э́та ба́нка уже́ по́лная?» спра́шивает господи́н Соколо́в студе́нтов.

«Да,» соглаша́ются студе́нты.

Тогда́ он берёт коро́бку с о́чень ма́ленькими камня́ми и насыпа́ет их в ба́нку. Он слегка́ трясёт ба́нку. Ма́ленькие ка́мни, коне́чно,

A lesson

The head of the university is standing before the class. There are some boxes and other things on the table before him. When the lesson begins he takes a big empty jar and without a word fills it up with big stones.

"Do you think the jar is already full?" Mr. Sokolov asks students.

"Yes, it is," agree students.

Then he takes a box with very small stones and pours them into the jar. He shakes the jar slightly. The little

заполняют место между большими камнями.

«Что вы думаете теперь? Банка уже полная, не так ли?» господин Соколов спрашивает их снова.

«Да. Теперь она полная,» соглашаются студенты снова. Им этот урок начинает нравиться. Они начинают смеяться.

Затем господин Соколов берёт коробку с песком и высыпает его в банку. Песок, конечно, заполняет всё остальное место.

«Теперь я хочу, чтобы вы подумали об этой банке, как о жизни человека. Большие камни - это важные вещи, - ваша семья, ваш парень или девушка, ваше здоровье, ваши дети, ваши родители - те вещи, которые, если вы всё потеряете и останутся только они, всё равно будут делать вашу жизнь полной. Маленькие камни - это другие вещи, которые менее важны. Это такие вещи, как ваш дом, ваша работа, ваша машина. Песок - это всё остальное, - мелочи. Если вы сначала поместите песок в банку, то не останется места для маленьких или больших камней. Так же и в жизни. Если вы тратите всё своё время и энергию на мелочи, у вас никогда не будет места для вещей, которые важны для вас. Уделяйте внимание вещам, которые наиболее важны для вашего счастья. Играйте со своими детьми или родителями. Уделяйте время для прохождения медицинских проверок.

stones, of course, fill up the room between the big stones.

"What do you think now? The jar is already full, isn't it?" Mr. Sokolov asks them again.

"Yes, it is. It is full now," the students agree again. They begin to enjoy this lesson. They begin to laugh.

Then Mr. Sokolov takes a box of sand and pours it into the jar. Of course, the sand fills up all the other room.

"Now I want that you think about this jar like a man's life. The big stones are important things - your family, your girlfriend and boyfriend, your health, your children, your parents - things that if you loose everything and only they remain, your life still will be full. Little stones are other things which are less important. They are things like your house, your job, your car. Sand is everything else - small stuff. If you put sand in the jar at first, there will be no room for little or big stones. The same goes for life. If you spend all of your time and energy on the small stuff, you will never have room for things that are important to you. Pay attention to things that are most important to your happiness. Play with your children or parents. Take time to get medical tests. Take your girlfriend or boyfriend to a

Сводите своего друга или подругу в кафе. Всегда будет время, чтобы пойти на работу, убрать в доме и посмотреть телевизор,» говорит господин Соколов, «Заботьтесь сначала о больших камнях - вещах, которые действительно важны. Всё остальное - лишь песок,» он смотрит на студентов, «Теперь Диллард и Паша, что важнее для вас - мыть грузовик или ваши жизни? Вы плаваете на грузовике по морю полному китов-убийц, как на корабле, лишь потому что вы хотели помыть этот грузовик. Вы полагаете, что нет другого способа помыть его?»

«Нет, мы так не думаем,» говорит Паша.

«Вы можете помыть грузовик на моечной станции, не так ли?» говорит господин Соколов.

«Да, это так,» говорят студенты.

«Вы всегда должны думать перед тем, как сделать что-нибудь. Вы всегда должны заботиться о больших камнях, правильно?»

«Да,» отвечают студенты.

café. There will be always time to go to work, clean the house and watch television," Mr. Sokolov says, "Take care of the big stones first - things that are really important. Everything else is just sand," he looks at the students, "Now Dillard and Pasha, what is more important to you - washing a truck or your lives? You float on a truck in the sea full of killer whales like on a ship just because you wanted to wash the truck. Do you think there is no other way to wash it?"

"No, we do not think so," Pasha says.

"You can wash a truck in a washing station, can't you?" says Mr. Sokolov.

"Yes, we can," say the students.

"You must always think before you do something. You must always take care of the big stones, right?"

"Yes, we must," answer the students.

Question words

Как? - How? What?

Где? - Where?

Куда? - Where to?

Откуда - Where from?

Какой? - What? Which? *(m)*

Какая? - What? Which? *(f)*

Какое? - What? Which? *(n)*

Какие? - What? Which? *(pl)*

Ско́лько? - How much/many? Что? - What?
Когда́? - When? Почему́? - Why?
Кто? - Who? Заче́м? - What for?

22

Audio

Андре́й рабо́тает в изда́тельстве
Andrew works at a publishing house

A

Слова́

1. автоотве́тчик - answering machine
2. бу́дущий - future
3. вме́сто (+Genitive) - instead of
4. во вре́мя - during
5. возмо́жный - possible
6. газе́та - newspaper
7. гото́вый - ready
8. гру́стный - sad
9. дождь - rain
10. журна́л - magazine
11. заба́вный - funny
12. запи́сывать - to record
13. запи́сывающий мы́сли - thought-recording
14. звони́ть - to call, to phone
15. зна́чить - to mean
16. и так да́лее - and so on, etc.
17. игра́ - playing
18. исто́рия - story
19. как мо́жно ча́ще - as often as possible
20. клие́нт - customer
21. компа́ния - company

22. координа́ция - co-ordination
23. ле́стница - stairs
24. лиса́ - fox, господи́н Лис - Mr. Lis
25. ми́нимум - at least
26. мир - world
27. на у́лице - outdoors
28. никто́ - nobody
29. ничего́/ничто́ - nothing
30. нос - nose
31. осо́бенно - especially
32. отка́зывать(-ся) - to refuse
33. пе́ред - in front, before
34. получи́ть - to receive, to get
35. пра́вило - rule
36. приве́т - hi
37. прогу́лка - walking
38. продава́ть - to sell
39. производи́ть - to produce
40. профе́ссия - profession
41. подойти́ для… - to be suitable for…
42. развива́ть - to develop
43. разгова́ривать - to talk
44. разли́чный - different
45. сигна́л - beep, signal
46. сон - sleeping, dream
47. соста́вить/составля́ть - to compose
48. сочине́ние, компози́ция - composition
49. так как - since, as
50. тво́рческий - creative
51. те́кст - text
52. тёмный - dark
53. три́дцать - thirty
54. тру́дный - difficult
55. убеди́ться - make sure
56. уме́ние, на́вык - skill
57. холо́дный - cold (adj)
58. хо́лод - coldness
59. челове́к - human
60. челове́ческий - human (adj)
61. что насчёт…? - what about…?

В

Андре́й рабо́тает в изда́тельстве

Андре́й рабо́тает молоды́м помо́щником в изда́тельстве «Всё подря́д». Он выполня́ет пи́сьменную рабо́ту.

«Андре́й, назва́ние на́шей фи́рмы «Всё подря́д»,» говори́т руководи́тель фи́рмы

Andrew works at a publishing house

Andrew works as a young helper at the publishing house All-round. He does writing work.

"Andrew, our firm's name is All-round," the head of the firm Mr. Lis

господи́н Лис, «И э́то зна́чит, что мы мо́жем сде́лать любо́е те́кстовое сочине́ние и диза́йнерскую рабо́ту для любо́го клие́нта. Мы получа́ем мно́го зака́зов от газе́т, журна́лов и други́х клие́нтов. Все зака́зы ра́зные, но мы никогда́ не отка́зываемся.»

Андре́ю о́чень нра́вится э́та рабо́та потому́ что он мо́жет развива́ть свои́ тво́рческие спосо́бности. Он лю́бит тво́рческую рабо́ту таку́ю, как пи́сьменные компози́ции и диза́йн. Так как он изуча́ет диза́йн в университе́те, то э́то о́чень подходя́щая рабо́та для его́ бу́дущей профе́ссии.

Сего́дня у господи́на Ли́са есть не́сколько но́вых зада́ний для него́.

«У нас есть не́сколько зака́зов. Ты мо́жешь сде́лать два из них,» говори́т господи́н Лис, «Пе́рвый зака́з от телефо́нной компа́нии. Они́ произво́дят телефо́ны с автоотве́тчиками. Им нужны́ смешны́е те́ксты для автоотве́тчиков. Ничто́ не продаётся лу́чше, чем смешны́е ве́щи. Пожа́луйста, соста́вь четы́ре и́ли пять те́кстов.»

«Наско́лько дли́нными они́ должны́ быть?» спра́шивает Андре́й.

«Они́ мо́гут быть от пяти́ до тридцати́ слов,» отвеча́ет господи́н Лис, «А второ́й зака́з - из журна́ла «Зелёный мир». Э́тот журна́л пи́шет про живо́тных, птиц, рыб и так да́лее. Им ну́жен текст про любо́е дома́шнее живо́тное. Он мо́жет быть

says, "And this means we can do any text composition and design work for any customer. We get many orders from newspapers, magazines and from other customers. All of the orders are different but we never refuse any."

Andrew likes this job a lot because he can develop creative skills. He enjoys creative works like writing compositions and design. Since he studies design at university it is a very suitable job for his future profession.

Mr. Lis has some new tasks for him today.

"We have some orders. You can do two of them," Mr. Lis says, "The first order is from a telephone company. They produce telephones with answering machines. They need some funny texts for answering machines. Nothing sells better than funny things. Compose four or five texts, please."

"How long must they be?" Andrew asks.

"They can be from five to thirty words," Mr. Lis answers, "And the second order is from the magazine "Green world". This magazine writes about animals, birds, fish etc. They need a text about any home animal. It

смешны́м и́ли гру́стным, и́ли про́сто исто́рия про твоё со́бственное живо́тное. У тебя́ есть живо́тное?»

«Да. У меня́ есть кот. Его́ зову́т Фавори́т,» отвеча́ет Андре́й, «И я ду́маю, что смогу́ написа́ть исто́рию про его́ трю́ки. Когда́ э́то должно́ быть гото́во?»

«Э́ти два зака́за должны́ быть гото́вы к за́втрашнему дню,» отвеча́ет господи́н Лис.

«Хорошо́. Мо́жно нача́ть сейча́с?» спра́шивает Андре́й.

«Да, Андре́й,» говори́т господи́н Лис.

Андре́й прино́сит те́ксты на сле́дующий день. У него́ пять те́кстов для автоотве́тчиков. Господи́н Лис чита́ет их:

«Приве́т. Тепе́рь ты скажи́ что-нибу́дь.»

«Приве́т. Я автоотве́тчик. А что ты?»

«Здра́вствуйте. Сейча́с никого́ нет до́ма кро́ме моего́ автоотве́тчика. Поэ́тому вы мо́жете поговори́ть с ним вме́сто меня́. Жди́те сигна́ла.»

«Э́то не автоотве́тчик. Э́то маши́на, запи́сывающая мы́сли. По́сле сигна́ла поду́майте о своём и́мени, о причи́не звонка́ и о но́мере, куда́ я смогу́ позвони́ть вам. А я поду́маю о том, звони́ть ли вам.»

«Говори́те по́сле сигна́ла! У вас есть пра́во молча́ть. Я запишу́ и испо́льзую всё, что вы ска́жете.»

«Э́то не пло́хо. А что насчёт живо́тных?»

can be funny or sad, or just a story about your own animal. Do you have an animal?"

"Yes, I do. I have a cat. Its name is Favorite," Andrew answers, "And I think I can write a story about its tricks. When must it be ready?"

"These two orders must be ready by tomorrow," Mr. Lis answers.

"Okay. May I begin now?" Andrew asks.

"Yes, Andrew," Mr. Lis says.

Andrew brings those texts the next day. He has five texts for the answering machines. Mr. Lis reads them:

"Hi. Now you say something."

"Hello. I am an answering machine. And what are you?"

"Hi. Nobody is at home now but my answering machine is. So you can talk to it instead of me. Wait for the beep."

"This is not an answering machine. This is a thought-recording machine. After the beep, think about your name, your reason for calling and a number which I can call you back. And I will think about calling you back."

"Speak after the beep! You have the right to be silent. I will record and use everything you say."

"It is not bad. And what about

спрáшивает господи́н Лис. Андрéй даёт емý другóй лист бумáги. Господи́н Лис читáет:

Нéсколько пра́вил для кóшек

Прогу́лка:

Как мóжно чáще, бы́стро бéгайте, как мóжно бли́же пéред людьми́, осóбенно на лéстницах, когдá у них есть что-нибу́дь в рукáх, в темнотé, и когдá они́ тóлько встáли у́тром. Э́то потрениру́ет их координа́цию.

В кровáти:

Нóчью всегдá спи́те на человéке. Так он и́ли онá не смóгут поверну́ться в кровáти. Старáйтесь лежáть на егó и́ли её лицé. Убеди́тесь, что ваш хвост на их носу́.

Сон:

Чтóбы имéть мнóго энéргии для игр, кóшка должнá мнóго спать (ми́нимум шестнáдцать часóв в день). Э́то не трýдно найти́ подходя́щее мéсто для сна. Подойдёт любóе мéсто, где лю́бит сидéть человéк. Тáкже есть хорóшие местá на у́лице. Но вы не смóжете испóльзовать их во врéмя дождя́ и́ли когдá хóлодно. Вмéсто э́того вы мóжете воспóльзоваться откры́тыми óкнами.

Господи́н Лис смеётся.

«Хорóшая рабóта, Андрéй! Я дýмаю журнáлу «Зелёный мир» понрáвится твоя́ компози́ция,» говори́т он.

animals?" Mr. Lis asks. Andrew gives him another sheet of paper. Mr. Lis reads:

Some rules for cats

Walking:

As often as possible, run quickly and as close as possible in front of a human, especially: on stairs, when they have something on their hands, in the dark, and when they get up in the morning. This will train their co-ordination.

In bed:

Always sleep on a human at night. So he or she cannot turn in the bed. Try to lie on his or her face. Make sure that your tail is on their nose.

Sleeping:

To have a lot of energy for playing, a cat must sleep a lot (at least sixteen hours per day). It is not difficult to find a suitable place to sleep. Any place where a human likes to sit is good. There are good places outdoors too. But you cannot use them when it rains or when it is cold. You can use open windows instead.

Mr. Lis laughs.

"Good work, Andrew! I think the magazine "Green world" will like your composition," he says.

Conjugation of the Verb Звони́ть (call)

Я звоню́

Мы звони́м

Ты звони́шь

Он, она́, оно́ звони́т

Вы/вы звони́те

Они́ звоня́т

23

Audio

Пра́вила ко́шек
Cat rules

A

Слова́

1. абсолю́тный/по́лный - total
2. вку́сный - tasty
3. гляде́ть на - look at
4. гость - guest
5. гото́вка еды́ - cooking
6. дома́шняя рабо́та - homework
7. ду́мая - thinking
8. еда́ - meal, food
9. забы́ть - to forget
10. зага́дка - mystery, puzzle
11. заста́вить/заставля́ть - make, force
12. захвати́ть - to take over
13. иногда́ - sometimes
14. клавиату́ра - keyboard
15. кома́р - mosquito

16. кра́сть/ворова́ть - to steal
17. куса́ть - to bite
18. любо́вь - love, люби́ть - to love
19. ма́ло - few, little
20. нога́ - leg
21. паникова́ть - to panic
22. плане́та - planet
23. пого́да - weather
24. притвори́ться/притворя́ться - to pretend
25. пря́тать(-ся) - to hide
26. пря́тки - hiding, hide-n-seek
27. размеща́ть - place, set
28. ребёнок - child
29. сезо́н - season
30. секре́т - secret
31. сза́ди - behind
32. составле́ние - composing (gerund)
33. сра́зу - close to; right away
34. станови́ться - to get
35. суме́ть - manage
36. таре́лка - plate
37. тере́ть(-ся) - to rub
38. туале́т - toilet
39. убежа́л - ran away
40. удово́льствие - fun
41. укры́тие - hiding place
42. хозя́ин - master, head
43. хотя́ - although
44. целова́ть - to kiss
45. чте́ние - reading (gerund)
46. чита́ющий - reading (particip I)
47. что-нибу́дь - anything, something
48. шаг - step; наступа́ть - to step on smth
49. шанс - chance
50. шко́ла - school

B

Пра́вила ко́шек

«Журна́л «Зелёный мир» размеща́ет но́вый зака́з,» говори́т господи́н Лис Андре́ю на сле́дующий день, «И э́тот зака́з для тебя́, Андре́й. Им нра́вится твоё сочине́ние и они́ хотя́т текст побо́льше про «Пра́вила для ко́шек».

Cat rules

"The magazine "Green world" places a new order," Mr. Lis says to Andrew next day, "And this order is for you, Andrew. They like your composition and they want a bigger text about "Cat rules".

Составле́ние э́того те́кста занима́ет у Андре́я два дня. Вот он.

Не́сколько секре́тных пра́вил для ко́шек

Хотя́ ко́шки лу́чшие и са́мые удиви́тельные живо́тные на э́той плане́те, иногда́ они́ де́лают стра́нные ве́щи. Одному́ из люде́й удало́сь узна́ть не́сколько Коша́чьих Секре́тов. Э́то - не́сколько пра́вил жи́зни, что́бы захвати́ть мир! Но как э́ти пра́вила помо́гут ко́шкам, всё ещё остаётся по́лной зага́дкой для люде́й.

Ва́нные ко́мнаты:

Всегда́ ходи́те с гостя́ми в ва́нную и туале́т. Вам не на́до ничего́ де́лать. Про́сто сиди́те и смотри́те и иногда́ три́тесь об их но́ги.

Две́ри:

Все две́ри должны́ быть откры́ты. Что́бы дверь откры́ли, сто́йте, гру́стно глядя́ на люде́й. Когда́ они́ открыва́ют дверь, вам не обяза́тельно проходи́ть в неё. По́сле того́, как вы откро́ете, таки́м спо́собом, дверь на у́лицу, ста́ньте в дверя́х и поду́майте о чём-нибу́дь. Э́то осо́бенно ва́жно во вре́мя холо́дной пого́ды, дождя́ и́ли сезо́на комаро́в.

Гото́вка еды́:

Всегда́ сиди́те сра́зу сза́ди пра́вой ноги́ челове́ка. Так что́бы он не ви́дел вас и тогда́ бу́дет вы́ше шанс, что челове́к насту́пит на вас. Когда́ э́то происхо́дит, они́ беру́т вас на

Some secret rules for cats

Although cats are the best and the most wonderful animals on this planet, they sometimes do very strange things. One of the humans managed to steal some cat secrets. They are some rules of life in order to take over the world! But how these rules will help cats is still a total mystery to the humans.

Bathrooms:

Always go with guests to the bathroom and to the toilet. You do not need to do anything. Just sit, look and sometimes rub their legs.

Doors:

All doors must be open. To get a door opened, stand looking sad at humans. When they open a door, you need not go through it. After you open in this way the outside door, stand in the door and think about something. This is especially important when the weather is very cold, or when it is a rainy day, or when it is the mosquito season.

Cooking:

Always sit just behind the right foot of cooking humans. So they cannot see you and you have a better chance that a human steps on you. When it happens, they take you in their hands

It takes Andrew two days to compose this text. Here it is.

ру́ки и даю́т пое́сть что-нибу́дь вку́сное.

Чте́ние книг:

Стара́йтесь подойти́ побли́же к лицу́ чита́ющего челове́ка, ме́жду глаза́ми и кни́гой. Лу́чше всего́ лечь на кни́гу.

Шко́льная дома́шняя рабо́та дете́й:

Ложи́тесь на кни́ги и тетра́ди и притвори́тесь, что спи́те. Но иногда́ пры́гайте на авторучку. Куса́йтесь, е́сли ребёнок попыта́ется убра́ть вас со стола́.

Компью́тер:

Е́сли челове́к рабо́тает на компью́тере, пры́гните на стол и пройди́те по клавиату́ре.

Еда́:

Ко́шки должны́ есть мно́го. Но еда́ - лишь полови́на удово́льствия. Друга́я полови́на - добы́ть еду́. Когда́ лю́ди едя́т, положи́те хвост в их таре́лку, когда́ они́ не смо́трят. Э́то даст вам лу́чшие ша́нсы получи́ть по́лную таре́лку еды́. Никогда́ не е́шьте из свое́й со́бственной таре́лки, е́сли вы мо́жете взять еду́ со стола́. Никогда́ не пе́йте со свое́й со́бственной таре́лки с водо́й, е́сли вы мо́жете пи́ть из ча́шки челове́ка.

Пря́тки:

Пря́чьтесь в места́х, где лю́ди не смо́гут найти́ вас не́сколько дней. Э́то заста́вит люде́й паникова́ть (они́ э́то лю́бят), ду́мая что вы убежа́ли. Когда́ вы вы́йдете из

and give something tasty to eat.

Reading books:

Try to get closer to the face of a reading human, between eyes and the book. The best is to lie on the book.

Children's school homework:

Lie on books and copy-books and pretend to sleep. But from time to time jump on the pen. Bite if a child tries to take you away from the table.

Computer:

If a human works with a computer, jump up on the desk and walk over the keyboard.

Food:

Cats need to eat a lot. But eating is only half of the fun. The other half is getting the food. When humans eat, put your tail in their plate when they do not look. It will give you a better chance to get a full plate of food. Never eat from your own plate if you can take some food from the table. Never drink from your own water plate if you can drink from a human's cup.

Hiding:

Hide in places where humans cannot find you for a few days. This will make humans panic (which they love) thinking that you ran away. When you

укры́тия, лю́ди бу́дут целова́ть вас и пока́зывать свою́ любо́вь. И вы смо́жете получи́ть что-нибу́дь вку́сное.

Лю́ди:

Зада́ча люде́й - корми́ть нас, игра́ть с на́ми и чи́стить наш я́щик. Ва́жно, что́бы они́ не забыва́ли, кто хозя́ин в до́ме.

come out of the hiding place, the humans will kiss you and show their love. And you may get something tasty.

Humans:

Tasks of humans are to feed us, to play with us, and to clean our box. It is important that they do not forget who the head of the house is.

C

Conjugation of the Verb Ду́мать (think)

Я ду́маю

Мы ду́маем

Ты ду́маешь

Он, она́, оно́ ду́мает

Вы/вы ду́маете

Они́ ду́мают

24

Audio

Рабо́та в кома́нде

Team work

A

Слова́

1. взять/приня́ть уча́стие - to take part
2. включи́л - switched on
3. война́ - war
4. враща́ющийся - turning
5. вспо́мнил - remembered
6. дви́гался - moved
7. до - until
8. зако́нчил - finished
9. земля́ - earth
10. знал - knew
11. из-за - because of, owing to
12. име́л - had
13. инопланетя́нин/прише́лец - alien
14. как бу́дто - as if
15. капита́н - captain
16. колле́га - colleague
17. коро́ткий - short
18. косми́ческий кора́бль - spaceship
19. ко́смос - space

20. лáзер - laser
21. любúл - loved
22. любóй - either
23. миллиáрд - billion
24. напрáвил на - pointed at
25. нáчал - began
26. (об)рáдоваться - to be/become glad
27. остановúл - stopped
28. пáдать - to fall, упáл - fell
29. пéред тем, как - before doing smth
30. посмотрéл - looked
31. прекрáсный - beautiful
32. преподавáть - to teach
33. пришёл - came
34. провóрный - brisk; Бóря Провóрнов - Boria Provornov
35. продóлжить - to continue продóлжил - continued
36. прóтив - against
37. рабóтающий - working
38. радáр - radar
39. рáдио - radio
40. разрушáть - destroy
41. сад - garden
42. сдáться - to give up
43. сериáл - serial
44. сказáл - said
45. скóро, вскóре - soon
46. слы́шал - heard
47. сообщúл - informed
48. танцевáть - to dance; танцевáл - danced
49. танцýя - dancing (particip I)
50. телевúзор - TV-set
51. тряс(-ся) - shook
52. ты́сяча - thousand
53. убúл - killed
54. улетéл - flew away
55. улыбнýлся - smiled
56. умирáть - to die, ýмер - died
57. уничтóжить - to destroy
58. ушёл - went away
59. цветóк - flower
60. центрáльный - central

Рабóта в комáнде

Пáша хóчет быть журналúстом. Он ýчится в университéте. У негó сегóдня урóк по сочинéнию. Господúн Соколóв обучáет студéнтов писáть компози́ции.

Team work

Pasha wants to be a journalist. He studies at a university. He has a composition lesson today. Mr. Sokolov teaches students to write

«Дороги́е друзья́,» говори́т он, «не́которые из вас бу́дут рабо́тать в изда́тельствах, газе́тах и́ли журна́лах, на ра́дио и́ли телеви́дении. Э́то зна́чит, что вы бу́дете рабо́тать в кома́нде. Рабо́та в кома́нде - де́ло не просто́е. Сейча́с я хочу́, что́бы вы попро́бовали соста́вить журнали́стское сочине́ние в кома́нде. Мне ну́жен па́рень и де́вушка.»

Мно́гие студе́нты хотя́т приня́ть уча́стие в кома́ндной рабо́те. Господи́н Соколо́в выбира́ет Па́шу и Кэ́рол. Кэ́рол из Испа́нии, но она́ владе́ет ру́сским о́чень хорошо́.

«Пожа́луйста, ся́дьте за э́тот стол. Тепе́рь вы - колле́ги,» говори́т им господи́н Соколо́в, «Вы напи́шите коро́ткую компози́цию. Любо́й из вас начнёт компози́цию и зате́м переда́ст её колле́ге. Ваш колле́га прочита́ет сочине́ние и продо́лжит его́. Зате́м отда́ст наза́д и пе́рвый прочита́ет и продо́лжит его́. И так да́лее пока́ ва́ше вре́мя не зако́нчится. Я даю́ вам два́дцать мину́т.»

Господи́н Соколо́в даёт им бума́гу и Кэ́рол начина́ет. Она́ немно́го ду́мает и пи́шет.

Коллекти́вное сочине́ние

Кэ́рол: Ю́лия смотре́ла в окно́. Цветы́ в её саду́ дви́гались на ветру́, как бу́дто танцу́я. Она́ вспо́мнила тот ве́чер, когда́ танцева́ла с Бо́рей. Э́то бы́ло год наза́д, но она́ по́мнила всё - его́ голубы́е глаза́, его́ улы́бку и его́ го́лос. Э́то бы́ло счастли́вое вре́мя для неё,

compositions.

"Dear friends," he says, "some of you will work for publishing houses, newspapers or magazines, the radio or television. This means you will work in a team. Working in a team is not simple. Now I want that you try to make a journalistic composition in a team. I need a boy and a girl."

Many students want to take part in the team work. Mr. Sokolov chooses Pasha and Carol. Carol is from Spain but she can speak Russian very well.

"Please, sit at this table. Now you are colleagues," Mr. Sokolov says to them, "You will write a short composition. Either of you will begin the composition and then give it to your colleague. Your colleague will read the composition and continue it. Then your colleague will give it back and the first one will read and continue it. And so on until your time is over. I give you twenty minutes."

Mr. Sokolov gives them paper and Carol begins. She thinks a little and then writes.

Team composition

Carol: Julia was looking through the window. The flowers in her garden were moving in the wind as if dancing. She remembered that evening when she danced with Boria. It was a year ago but she remembered everything -

но тепе́рь оно́ ко́нчилось. Почему́ он был не с ней?

Па́ша: В э́ту секу́нду косми́ческий капита́н Бо́ря Прово́рнов был на косми́ческом корабле́ «Бе́лая звезда́». У него́ бы́ло ва́жное зада́ние и у него́ не́ было вре́мени ду́мать о той глу́пой де́вушке, с кото́рой он танцева́л год наза́д. Он бы́стро напра́вил ла́зеры «Бе́лой звезды́» на звездолёты инопланетя́н. Зате́м он включи́л ра́дио и сказа́л инопланетя́нам: «Я даю́ вам оди́н час, что́бы сда́ться. Е́сли че́рез час вы не сдади́тесь, я уничто́жу вас.»

Но пе́ред тем, как он зако́нчил, ла́зер прише́льцев уда́рил в ле́вый дви́гатель «Бе́лой звезды́». Ла́зер Бо́ри на́чал бить по инопланéтным корабля́м и в э́ту же секу́нду он включи́л центра́льный и пра́вый дви́гатели. Ла́зер инопланетя́н разру́шил рабо́тающий пра́вый дви́гатель и «Бе́лая звезда́» си́льно сотрясла́сь. Бо́ря упа́л на пол, ду́мая во вре́мя паде́ния, кото́рый из инопланéтных корабле́й он до́лжен уничто́жить пе́рвым.

Кэ́рол: Но он уда́рился голово́й об металли́ческий пол и у́мер в ту же секу́нду. Но пе́ред тем, как он у́мер, он вспо́мнил о бе́дной прекра́сной де́вушке, кото́рая люби́ла его́ и о́чень пожале́л, что ушёл от неё. Ско́ро лю́ди прекрати́ли э́ту глу́пую войну́ про́тив бе́дных инопланетя́н. Они́ уничто́жили все свои́ звездолёты и ла́зеры

his blue eyes, his smile and his voice. It was a happy time for her but it was over now. Why was not he with her?

Pasha: At this moment space captain Boria Provornov was at the spaceship White Star. He had an important task and he did not have time to think about that silly girl who he danced with a year ago. He quickly pointed the lasers of White Star at alien spaceships. Then he switched on the radio and talked to the aliens: "I give you an hour to give up. If in one hour you do not give up I will destroy you."

But before he finished an alien laser hit the left engine of the White Star. Boria's laser began to hit alien spaceships and at the same time he switched on the central and the right engines. The alien laser destroyed the working right engine and the White Star shook badly. Boria fell on the floor thinking during the fall which of the alien spaceships he must destroy first.

Carol: But he hit his head on the metal floor and died at the same moment. But before he died he remembered the poor beautiful girl who loved him and he was very sorry that he went away from her. Soon people stopped this silly war on poor aliens. They destroyed all of their own spaceships and lasers and informed the aliens that

и сообщи́ли инопланетя́нам, что лю́ди никогда́ сно́ва не начну́т войну́ про́тив них. Лю́ди сказа́ли, что они́ хотя́т быть друзья́ми инопланетя́н. Ю́лия о́чень обра́довалась, когда́ услы́шала об э́том. Зате́м она́ включи́ла телеви́зор и продо́лжила смотре́ть удиви́тельный мексика́нский сериа́л.

Па́ша: Из-за того́, что лю́ди уничто́жили свои́ со́бственные рада́ры, никто́ не знал, что звездолёты инопланетя́н подошли́ о́чень бли́зко к Земле́. Ты́сячи инопланéтных ла́зеров уда́рили в Зе́млю и за одну́ секу́нду уби́ли бе́дную глу́пую Ю́лию и пять миллиа́рдов люде́й. Земля́ была́ уничто́жена и её враща́ющиеся куски́ разлете́лись в ко́смосе.

«Я ви́жу вы подошли́ к концу́ до того́, как ко́нчилось ва́ше вре́мя,» улыбну́лся господи́н Соколо́в, «Ну что же, уро́к око́нчен. Дава́йте прочита́ем и поговори́м об э́той компози́ции во вре́мя сле́дующего уро́ка.»

people would never start a war against them again. People said that they wanted to be friends with the aliens. Julia was very glad when she heard about it. Then she switched on the TV-set and continued to watch a wonderful Mexican serial.

Pasha: Because people destroyed their own radars and lasers, nobody knew that spaceships of aliens came very close to the Earth. Thousands of aliens' lasers hit the Earth and killed poor silly Julia and five billion people in a second. The Earth was destroyed and its turning parts flew away in space.

"I see you came to the finish before your time is over," Mr. Sokolov smiled, "Well, the lesson is over. Let us read and speak about this team composition during the next lesson."

Conjugation of the Verb Дви́гаться (move)

Я дви́гаюсь	Он, она́, оно́ дви́гается
Мы дви́гаемся	Вы/вы дви́гаетесь
Ты дви́гаешься	Они́ дви́гаются

25

Audio

Ди́ллард и Па́ша и́щут но́вую рабо́ту
Dillard and Pasha are looking for a new job

A

Слова́

1. аккура́тный - accurate; госпожа́ Аккура́тнова - Mrs. Accuratnova
2. анке́та - questionnaire
3. ветерина́р - vet
4. вид/тип - kind, type
5. во то вре́мя, как/пока́ - while
6. вознагражде́ние - reward
7. возража́ть - to mind (to be against something)
8. во́зраст - age
9. врач - doctor
10. вслух - aloud
11. гря́зный - dirty
12. Джо́нсон - Johnson
13. дома́шнее живо́тное - pet
14. еда́ - food
15. иде́я - idea
16. инжене́р - engineer

17. иску́сство - art
18. ковёр - carpet
19. консульта́ция - consultancy
20. котёнок - kitten
21. кры́са - rat
22. ли́дер - leader
23. ли́чный - personal
24. люби́мец - pet; darling
25. ме́тод - method
26. мечта́ - dream,
27. мечта́ть - to dream
28. моното́нный - monotonous
29. нашёл - found
30. неме́цкий - German
31. обслу́живать - to serve
32. объявле́ние - ad
33. оце́нивать - to estimate
34. перево́дчик - translator
35. перевора́чивать - turn over
36. писа́тель - writer
37. пре́жде чем - before
38. приве́тствовать - to greet
39. приро́да - nature
40. (про)анализи́ровать - analyse
41. программи́ст - programmer
42. разреши́ть/разреша́ть - to allow
43. разъезжа́ть - to travel
44. рекомендова́ть - to recommend; рекоменда́ция - recommendation
45. ру́брика - rubric
46. сосе́д - neighbour
47. спание́ль - spaniel
48. спосо́бность/одарённость - gift
49. фе́рмер - farmer
50. хи́трый - sly
51. худо́жник - artist
52. щено́к - puppy

B

Ди́ллард и Па́ша и́щут но́вую рабо́ту

Ди́ллард и Па́ша до́ма у Па́ши. Па́ша убира́ет стол по́сле за́втрака, а Ди́ллард чита́ет рекла́му и объявле́ния в газе́те. Он чита́ет ру́брику «Живо́тные». А́ня, сестра́ Па́ши, то́же в ко́мнате. Она́ пыта́ется пойма́ть ко́шку, кото́рая пря́чется под крова́тью.

«Так мно́го беспла́тных живо́тных в газе́те. Я

Dillard and Pasha are looking for a new job

Dillard and Pasha are at Pasha's home. Pasha is cleaning the table after breakfast and Dillard is reading adverts and ads in a newspaper. He is reading the rubric "Animals". Pasha's sister Anya is in the room too. She is trying to catch the cat hiding under the bed.

наве́рное вы́беру ко́шку и́ли соба́ку. Па́ша, как ты ду́маешь?» спра́шивает Ди́ллард Па́шу.

«А́ня, не донима́й ко́шку!», говори́т Па́ша серди́то, «Что-же Ди́ллард, это неплоха́я иде́я. Твой люби́мец всегда́ бу́дет ждать тебя́ до́ма. Он бу́дет так рад, когда́ ты бу́дешь возвраща́ться домо́й и дава́ть ему́ еду́. И не забыва́й, что ты до́лжен бу́дешь гуля́ть со свои́м люби́мцем по утра́м и вечера́м и́ли чи́стить его́ коро́бку. Иногда́ тебе́ придётся чи́стить ковёр и́ли вози́ть своего́ люби́мца к ветерина́ру. Поэ́тому поду́май хороше́нько пре́жде чем брать живо́тное.»

«Вот, здесь есть не́сколько объявле́ний. Послу́шай,» говори́т Ди́ллард и начина́ет чита́ть вслух.

«На́йдена: гря́зная бе́лая соба́ка, вы́глядит как кры́са. Наве́рное до́лго жила́ на у́лице. Отда́м за вознагражде́ние.»

Вот ещё одно́:

«Неме́цкая овча́рка, говори́т на неме́цком. Отда́м беспла́тно. И беспла́тные щенки́ наполови́ну спаниэ́ль и наполови́ну хи́трая сосе́дская соба́ка,»

Ди́ллард смо́трит на Па́шу, «Как соба́ка мо́жет говори́ть на неме́цком?»

«Она́ наве́рное понима́ет неме́цкий. Ты понима́ешь по-неме́цки?» спра́шивает Па́ша улыба́ясь.

«Я не понима́ю по-неме́цки. Послу́шай, вот

"There are so many pets for free in the newspaper. I think I will choose a cat or a dog. Pasha, what do you think?" Dillard asks Pasha.

"Anya, do not bother the cat!", Pasha says angrily, "Well Dillard, it is not a bad idea. Your pet will always wait for you at home and will be so happy when you come back home and give some food. And do not forget that you will have to walk with your pet in mornings and evenings or clean its box. Sometimes you will have to clean the floor or take your pet to a vet. So think carefully before you get an animal."

"Well, there are some ads here. Listen," Dillard says and begins to read aloud:

"Found dirty white dog, looks like a rat. It may live outside for a long time. I will give it away for money."

Here is one more:

"German dog, speaks German. Give away for free. And free puppies half spaniel half sly neighbor's dog,"

Dillard looks at Pasha, "How can a dog speak German?"

"A dog may understand German. Can you understand German?" Pasha asks smiling.

"I cannot understand German. Listen,

ещё одно объявление:

«Отдам бесплатно фермерских котят. Готовы есть. Будут есть всё.»

Диллард переворачивает страницу, «Ладно, я думаю животные могут подождать. Лучше я поищу работу,» он находит рубрику о работе и читает вслух,

«Вы ищете подходящую работу? Приходите в трудовую консультацию «Подходящий персонал» и получите профессиональную помощь. Наш консультант проанализирует Ваши личные способности и порекомендует Вам наиболее подходящую работу,»

Диллард поднимает взгляд и говорит: «Паша, что ты думаешь?»

«Подходящая работа для вас - это мыть грузовик в море и пускать его поплавать,» говорит Аня и быстро выбегает из комнаты.

«Это неплохая идея. Пошли прямо сейчас,» говорит Паша и аккуратно вынимает кошку из чайника, куда Аня посадила животное минуту назад.

Диллард и Паша приезжают в трудовую консультацию «Подходящий персонал» на своих велосипедах. Очереди нет, поэтому они входят прямо вовнутрь. Там находятся две женщины. Одна из них говорит по телефону. Другая женщина что-то пишет. Она приветствует Дилларда и Пашу и просит их присесть. Её имя Дарья Аккуратнова. Она спрашивает их имена и возраст.

here is one more ad:

"Give away free farm kittens. Ready to eat. They will eat anything,"

Dillard turns the newspaper, "Well, I think pets can wait. I will better look for a job," he finds the rubric about jobs and reads aloud,

"Are you looking for a suitable job? The job consultancy "Suitable personnel" can help you. Our consultants will estimate your personal gifts and will give you a recommendation about the most suitable profession,"

Dillard looks up and says: "Pasha what do you think?"

"The best job for you is washing a truck in the sea and let it float," Anya says and quickly runs out of the room.

"It is not a bad idea. Let's go now," Pasha answers and takes carefully the cat out of the kettle, where Anya put the animal a minute ago.

Dillard and Pasha arrive to the job consultancy "Suitable personnel" by their bikes. There is no queue, so they go inside. There are two women there. One of them is speaking on the telephone. Another woman is writing something. She asks Dillard and Pasha to take seats. Her name is Daria Accuratnova. She asks them

«Ну что же, позво́льте мне объясни́ть ме́тод, кото́рый мы испо́льзуем. Име́ется пять ви́дов профе́ссий.

Пе́рвый вид - э́то челове́к - приро́да. Профе́ссии: фе́рмер, рабо́тник зоопа́рка и так да́лее.

Второ́й вид - э́то челове́к - маши́на. Профе́ссии: пило́т, води́тель такси́, води́тель грузовика́ и так да́лее.

Тре́тий вид - э́то челове́к - челове́к. Профе́ссии: врач, учи́тель, журнали́ст и так да́лее.

Четвёртый вид - э́то челове́к - вычисли́тельные систе́мы. Профе́ссии: перево́дчик, инжене́р, программи́ст и так да́лее.

Пя́тый вид - э́то челове́к - иску́сство. Профе́ссии: писа́тель, худо́жник, певе́ц и так да́лее.

Мы даём сове́ты о подходя́щей профе́ссии то́лько тогда́, когда́ узна́ем о вас побо́льше. Пре́жде всего́ разреши́те проанализи́ровать ва́ши ли́чные спосо́бности. Я должна́ знать что вам нра́вится и что не нра́вится. Тогда́ мы узна́ем како́й вид профе́ссии вам наибо́лее подхо́дит. Тепе́рь, пожа́луйста, запо́лните, вопро́сник,» говори́т госпожа́ Аккура́тнова и даёт им вопро́сники. Па́ша и Ди́ллард заполня́ют вопро́сники.

their names and their age.

"Well, let me explain the method which we use. Look, there are five kinds of professions.

The first kind is man - nature. Professions: farmer, zoo worker etc.

The second kind is man - machine. Professions: pilot, taxi driver, truck driver etc.

The third kind is man - man. Professions: doctor, teacher, journalist etc.

The fourth kind is man - computer. Professions: translator, engineer, programmer etc.

The fifth kind is man - art. Professions: writer, artist, singer etc.

We give recommendations about a suitable profession only when we learn about you more. First let me estimate your personal gifts. I must know what you like and what you dislike. Then we will know which kind of profession is the most suitable for you. Please, fill up the questionnaire now," Mrs. Accuratnova says and gives them the questionnaires. Pasha and Dillard fill up the questionnaires.

Вопро́сник
И́мя: Па́ша Колобо́ков

Смотре́ть за маши́нами - не возража́ю
Разгова́ривать с людьми́ - мне нра́вится
Обслу́живать клие́нтов - не возража́ю
Води́ть автомоби́ли - мне нра́вится
Рабо́тать в помеще́нии - мне нра́вится
Рабо́тать на у́лице - мне нра́вится
Мно́го запомина́ть - не возража́ю
Путеше́ствовать - мне нра́вится
Оце́нивать, проверя́ть - мне не нра́вится
Гря́зная рабо́та - не возража́ю
Моното́нная рабо́та - мне не нра́вится
Тяжёлая рабо́та - не возража́ю
Быть ли́дером - не возража́ю
Рабо́тать в кома́нде - не возража́ю
Мечта́ть во вре́мя рабо́ты - мне нра́вится
Трениро́ваться - не возража́ю
Выполня́ть тво́рческую рабо́ту - мне нра́вится
Рабо́тать с те́кстами - мне нра́вится

Вопро́сник
И́мя: Ди́ллард Джо́нсон

Смотре́ть за маши́нами - не возража́ю
Разгова́ривать с людьми́ - мне нра́вится
Обслу́живать клие́нтов - не возража́ю
Води́ть автомоби́ли - не возража́ю
Рабо́тать в помеще́нии - мне нра́вится
Рабо́тать на у́лице - мне нра́вится
Мно́го запомина́ть - не возража́ю
Путеше́ствовать - мне нра́вится
Оце́нивать, проверя́ть - не возража́ю
Гря́зная рабо́та - не возража́ю

Questionnaire
Name: Pasha Kolobokov

Watch machines - I do not mind
Speak with people - I like
Serve customers - I do not mind
Drive cars, trucks - I like
Work inside - I like
Work outside - I like
Remember a lot - I do not mind
Travel - I like
Estimate, check - I hate
Dirty work - I do not mind
Monotonous work - I hate
Hard work - I do not mind
Be leader - I do not mind
Work in team - I do not mind
Dream while working - I like
Train - I do not mind
Do creative work - I like
Work with texts - I like

Questionnaire
Name: Dillard Johnson

Watch machines - I do not mind
Speak with people - I like
Serve customers - I do not mind
Drive cars, trucks - I do not mind
Work inside - I like
Work outside - I like
Remember a lot - I do not mind
Travel - I like
Estimate, check - I do not mind
Dirty work - I do not mind

Монотóнная рабóта - мне не нрáвится
Тяжёлая рабóта - не возражáю
Быть лúдером - мне не нрáвится
Рабóтать в комáнде - мне нрáвится
Мечтáть во врéмя рабóты - мне нрáвится
Тренировáться - не возражáю
Выполня́ть твóрческую рабóту - мне нрáвится
Рабóтать с тéкстами - мне нрáвится

Monotonous work - I hate
Hard work - I do not mind
Be leader - I hate
Work in team - I like
Dream while working - I like
Train - I do not mind
Do creative work - I like
Work with texts - I like

C

Conjugation of the Verb Разрешáть (allow)

Я разрешáю

Мы разрешáем

Ты разрешáешь

Он, онá, онó разрешáет

Вы/вы разрешáете

Онú разрешáют

26

Audio

Устро́йство на рабо́ту в газе́ту «Доне́цк сего́дня»
Applying to newspaper "Donetsk segodnia"

A

Слова́

1. взял - took
2. дал - gave
3. два́дцать оди́н - twenty-one
4. до свида́ния - goodbye
5. жена́т(ый) - married (for a man); заму́жняя - married (for women)
6. же́нский - female (adj)
7. запо́лнить - fill up (a form)
8. звёздочка - asterisk
9. информа́ция - information
10. кримина́льный - criminal (adj), престу́пник - criminal
11. легково́й автомоби́ль - car
12. мили́ция - police
13. мог - could
14. мужско́й - male (adj)
15. на́выки - skills
16. национа́льность - nationality
17. неде́ля - week

18. Николáевич - Nikolaevich (middle name)
19. образовáние - education
20. одинóкий - single
21. остáвить - leave
22. óтчество - middle name
23. оценúл - estimated
24. патрýль - patrol
25. подавáть заявлéние - to apply
26. подчеркнýть - to underline
27. покидáть/уходúть - to leave
28. пол - sex (formal)
29. пóле, графá - field (in a document)
30. пóлная зáнятость - full time job
31. положéние - status; семéйное положéние - family status
32. прúбыл - arrived
33. пустóй/пустáя - blank, empty
34. рабóтал - worked
35. редáктор - editor
36. рекомендовáл - recommended
37. свобóдно - fluently (speak a lang.)
38. семнáдцать - seventeen
39. сообщáть - to report; репортёр - reporter
40. сопровождáть - to accompany
41. спросúл - asked
42. стрóйный - slim; госпожá Стрóйнова - Miss Stroinova
43. узнáл о - learned about
44. устрóить - arrange
45. устрóйство - arranging
46. финáнсы - finance
47. фóрма, анкéта - form (document)
48. частúчная зáнятость - part time job

Устрóйство на рабóту в газéту «Донéцк сегóдня»

Госпожá Аккурáтнова проанализúровала отвéты Пáши и Дúлларда в вопрóсниках. Когдá онá узнáла их лúчные спосóбности, онá смоглá дать им нéсколько совéтов о подходя́щей профéссии. Онá сказáла, что трéтий вид профéссии наибóлее подходя́щий для них. Онú моглú бы

Applying to "Donetsk segodnia"

Mrs. Accuratnova estimated Pasha's and Dillard's answers in the questionnaires. When she learned about their personal gifts she could give them some recommendations about suitable professions. She said that the third profession kind is the most suitable for them. They could

рабо́тать доктора́ми, учителя́ми и́ли журнали́стами и так да́лее. Госпожа́ Аккура́тнова посове́товала им устро́иться на рабо́ту в газе́ту «Доне́цк сего́дня». Они́ даю́т рабо́ту с части́чной за́нятостью студе́нтам, кото́рые могли́ бы составля́ть милице́йские репорта́жи для кримина́льной ру́брики. Поэ́тому Ди́ллард и Па́ша прие́хали в отде́л персона́ла газе́ты «Доне́цк сего́дня» и пода́ли заявле́ния на э́ту рабо́ту.

«Мы сего́дня бы́ли в трудово́й консульта́ции «Подходя́щий персона́л», сказа́л Па́ша госпоже́ Стро́йновой, кото́рая была́ руководи́телем отде́ла персона́ла, «Нам посове́товали пода́ть заявле́ния на рабо́ту в ва́шу газе́ту.»

«Ну что же, вы рабо́тали репортёрами пре́жде?» спроси́ла госпожа́ Стро́йнова.

«Нет,» отве́тил Па́ша.

«Пожа́луйста, запо́лните э́ти анке́ты ли́чных да́нных,» сказа́ла госпожа́ Стро́йнова и дала́ им две анке́ты.

Анке́та ли́чных да́нных

Вы должны́ запо́лнить поля́ со звёздочкой *. Вы мо́жете оста́вить други́е поля́ незапо́лненными.

И́мя* … Па́вел

О́тчество … Вади́мович

Фами́лия* … Колобо́ков

work as a doctor, a teacher or a journalist etc. Mrs. Accuratnova recommended them to apply for a job with the newspaper "Donetsk segodnia". They gave a part time job to students who could compose police reports for the criminal rubric. So Dillard and Pasha arrived at the personnel department of the newspaper "Donetsk segodnia" and applied for this job.

"We have been to the job consultancy "Suitable personnel" today," Pasha said to Miss Stroinova, who was the head of the personnel department, "They have recommended us to apply to your newspaper."

"Well, have you worked as a reporter before?" Miss Stroinova asked.

"No, we have not," Pasha answered.

"Please, fill up these personal information forms," Miss Stroinova said and gave them two forms. Dillard and Pasha filled up the personal information forms.

Personal information form

You must fill up fields with asterisk *. You can leave other fields blank.

First name* … Pavel

Middle name … Vadimovitch

Second name* … Kolobokov

Пол* ... (подчеркнуть) <u>Мужской</u> Женский	Sex* ... (underline) <u>Male</u> Female
Возраст* ... Двадцать лет	Age* ... Twenty years old
Национальность* ... Украинец	Nationality* ... Ukrainian
Семейное положение ... (подчеркнуть) <u>Не женат</u> Женат	Family status ... (underline) <u>Single</u> Married
Адрес* ... Улица Щорса 11, Донецк	Address* ... Shchorsa street 11, Donetsk
Образование ... Я изучаю журналистику на третьем курсе университета	Education ... I study journalism in the third year at a university
Где Вы работали прежде? ... Я работал два месяца рабочим на ферме	Where have you worked before? ... I worked for two months as a farm worker
Какой опыт и навыки у Вас есть?* ... Я умею водить легковой и грузовой автомобиль и могу работать на компьютере	What experience and skills have you had?* ... I can drive a car, a truck and I can use a computer
Языки*	Languages*
0 - нет, 10 - свободно ... Русский - 10, Украинский - 9, Английский - 8	0 - no, 10 - fluently ... Russian - 10, Ukrainian - 9, English - 8
Водительские права* ... (подчеркнуть) Нет <u>Да</u> Тип: ВС, я могу водить грузовики	Driving license* ... (underline) No <u>Yes</u> Kind: BC, I can drive trucks
Вам нужна работа* ... (подчеркнуть) Полная занятость <u>Частичная занятость</u>: 15 часов в неделю	You need a job* ... (underline) Full time <u>Part time</u>: 15 hours a week
Вы хотите зарабатывать ... 15 гривней в час	You want to earn ... 15 hryvnias per hour
Анкета личных данных	**Personal information form**
Вы должны заполнить поля со звёздочкой *. Вы можете оставить другие поля незаполненными.	You must fill up fields with asterisk *. You can leave other fields blank.
Имя* ... Диллард	First name* ... Dillard
Отчество ...	Middle name ...

Фами́лия* ... Джо́нсон	Second name* ... Johnson
Пол* ... (подчеркну́ть) <u>Мужско́й</u> Же́нский	Sex* ... (underline) <u>Male</u> female
Во́зраст* ... Два́дцать оди́н год	Age* ... Twenty-one years old
Национа́льность* ... Америка́нец	Nationality* ... American
Семе́йное положе́ние ... (подчеркну́ть) <u>Не жена́т</u> Жена́т	Family status ... (underline) <u>Single</u> Married
А́дрес* ... Ко́мната 218, студе́нческое общежи́тие, у́лица Университе́тская 5, Доне́цк	Address* ... Room 218, student dorms, University street 5, Donetsk
Образова́ние ... Я изуча́ю компью́терный диза́йн на второ́м ку́рсе университе́та	Education ... I study computer design in the second year at a university
Где Вы рабо́тали пре́жде? ... Я рабо́тал два ме́сяца рабо́чим на фе́рме	Where have you worked? ... I worked for two months as a farm worker
Како́й о́пыт и на́выки у Вас есть?* ... Я могу́ рабо́тать на компью́тере	What experience and skills have you had?* ... I can use a computer
Языки́*	Languages*
0 - нет, 10 - свобо́дно ... Англи́йский - 10, Ру́сский - 7	0 - no, 10 - fluently ... English - 10, Russian - 7
Води́тельские права́* ... (подчеркну́ть) <u>Нет</u> Да Тип:	Driving license* ... (underline) <u>No</u> Yes Kind:
Вам нужна́ рабо́та* ... (подчеркну́ть) По́лная за́нятость <u>Части́чная за́нятость</u>: 15 часо́в в неде́лю	You need a job* ... (underline) Full time <u>Part time</u>: 15 hours a week
Вы хоти́те зараба́тывать ... 15 гри́вней в час	You want to earn ... 15 hryvnias per hour
Госпожа́ Стро́йнова отнесла́ их анке́ты ли́чных да́нных к реда́ктору «Доне́цк сего́дня».	Miss Stroinova took their personal information forms to the editor of "Donetsk segodnia".
«Реда́ктор согла́сен,» сказа́ла госпожа́	"The editor has agreed," Miss Stroinova said when she came back,

Стро́йнова, когда́ верну́лась наза́д, «Вы бу́дете сопровожда́ть милице́йский патру́ль, а зате́м составля́ть репорта́жи в кримина́льную ру́брику. Милице́йская маши́на прие́дет за́втра в семна́дцать часо́в, чтобы взять вас. Бу́дьте здесь в э́то вре́мя, ла́дно?»

«Коне́чно,» отве́тил Ди́ллард.

«Да, мы бу́дем,» сказа́л Па́ша, «До свида́ния.»

«До свида́ния,» отве́тила госпожа́ Стро́йнова.

"You will accompany a police patrol and then compose reports for the criminal rubric. A police car will come tomorrow at seventeen o'clock to take you. Be here at this time, will you?"

"Sure," Dillard answered.

"Yes, we will," Pasha said, "Goodbye."

"Goodbye," Miss Stroinova answered.

Conjugation of the Verb Заполня́ть (fill up)

Я заполня́ю

Мы заполня́ем

Ты заполня́ешь

Он, она́, оно́ заполня́ет

Вы/вы заполня́ете

Они́ заполня́ют

27

Audio

Милицейский патруль (часть 1)
The police patrol (part 1)

A

Слова

1. вёл, éхал - drove
2. витрина - shop window
3. вокруг - around
4. вор - thief, воры - thieves
5. все, каждый - everybody
6. встрéтил - met
7. высóкий, высокó - high
8. грабитель - robber; ограблéние - robbery
9. двенáдцать - twelve
10. двéсти - two hundred
11. дéлал - did
12. дéло - matter, business
13. ждал - waited
14. завёл - started (the engine); поéхал - started (to drive)
15. завывáя - howling
16. закрыл - closed (past simple); закрытый - closed (past part.)
17. (за)лáял - barked

18. испу́ганный - afraid
19. квита́нция - receipt, ticket
20. ключ - key
21. кри́кнул - cried
22. микрофо́н - microphone
23. мили́ция - the police; милиционе́р - policeman, милице́йский - police (adj)
24. нажа́л ного́й - stepped
25. нару́чники - handcuffs
26. ограниче́ние, лими́т - limit
27. ору́жие - arms, gun
28. откры́л - opened
29. офице́р - officer
30. П07, П11 - P07, P11; номера́ патру́льных маши́н - numbers of patrol cars
31. пого́ня - pursuit
32. поднима́ться - to get up
33. показа́л - showed
34. по́нял - understood
35. при́нял - got, understood (formal)
36. пристёгивать - fasten
37. прокля́тье - damn
38. пронёсся - rushed
39. пыта́лся - tried
40. ре́мни безопа́сности - seat belts
41. сержа́нт - sergeant
42. сире́на - siren
43. ско́рость - speed, наруша́ть - to brake a rule, наруши́тель - speeder, превыше́ние ско́рости - speeding
44. сопровожда́л - accompanied
45. спря́тался - hid
46. сто - hundred
47. стро́гий - strict; И́горь Стро́гов - Igor Strogoff (name)
48. суши́ть - to dry, сухо́й - dry (adj)
49. трево́га - alarm
50. цена́ - price

##

Милице́йский патру́ль (часть 1)

Ди́ллард и Па́ша прие́хали к зда́нию газе́ты «Доне́цк сего́дня» на сле́дующий день в семна́дцать часо́в. Милице́йская маши́на уже́ ждала́ их. Милиционе́р вы́шел из маши́ны.

«Здра́вствуйте. Я сержа́нт И́горь Стро́гов,»

The police patrol (part 1)

Dillard and Pasha arrived at the building of the newspaper "Donetsk segodnia" at seventeen o'clock next day. The police car was waiting for them already. A policeman got out of the car.

сказа́л он, когда́ Па́ша и Ди́ллард подошли́ к маши́не.

«Здра́вствуйте. Рад познако́миться. Меня́ зову́т Ди́ллард. Мы должны́ сопровожда́ть Вас,» отве́тил Ди́ллард.

«Здра́вствуйте. Я Па́ша. Вы давно́ нас ждёте?» спроси́л Па́ша.

«Нет. Я то́лько что сюда́ при́был. Дава́йте ся́дем в маши́ну. Тепе́рь мы начина́ем городско́е патрули́рование,» сказа́л милиционе́р. Они́ все се́ли в милице́йскую маши́ну.

«Вы в пе́рвый раз сопровожда́ете милице́йский патру́ль?» спроси́л сержа́нт Стро́гов, заводя́ дви́гатель.

«Мы никогда́ пре́жде не сопровожда́ли милице́йский патру́ль,» отве́тил Па́ша.

В э́тот моме́нт милице́йское ра́дио на́чало говори́ть: «Внима́ние П11 и П07! Си́ний автомоби́ль е́дет на высо́кой ско́рости по у́лице Университе́тская.»

«П07 при́нял,» сказа́л сержа́нт Стро́гов в микрофо́н. Зате́м он сказа́л парня́м: «Но́мер на́шего автомоби́ля П07.» Большо́й си́ний автомоби́ль прое́хал ми́мо на высо́кой ско́рости. И́горь Стро́гов сно́ва взял микрофо́н и сказа́л: «Говори́т П07. Ви́жу наруша́ющий си́ний автомоби́ль. Начина́ю пого́ню,» зате́м он сказа́л парня́м, «Пристегни́те свои́ ремни́ безопа́сности.» Милице́йская маши́на бы́стро стартова́ла.

"Hello. I am sergeant Igor Strogoff," he said when Pasha and Dillard came to the car.

"Hello. Glad to meet you. My name is Dillard. We must accompany you," Dillard answered.

"Hello. I am Pasha. Were you waiting long for us?" Pasha asked.

"No. I have just arrived here. Let us get into the car. We begin city patrolling now," the policeman said. They all got into the police car.

"Are you accompanying a police patrol for the first time?" sergeant Strogoff asked starting the engine.

"We have never accompanied a police patrol before," Pasha answered.

At this moment the police radio began to talk: "Attention P11 and P07! A blue car is speeding along University street."

"P07 got it," sergeant Strogoff said in the microphone. Then he said to the boys: "The number of our car is P07." A big blue car rushed past them with very high speed. Igor Strogoff took the mic again and said: "P07 is speaking. I see the speeding blue car. Begin pursuit," then he said to the boys, "Fasten your seat belts." The police car started quickly. The sergeant stepped

Сержа́нт нажа́л газ до конца́ и включи́л сире́ну. Они́ пое́хали на высо́кой ско́рости с во́ющей сире́ной ми́мо зда́ний, маши́н, авто́бусов. И́горь Стро́гов заста́вил си́нюю маши́ну останови́ться. Сержа́нт вы́шел из маши́ны и пошёл к наруши́телю. Па́ша и Ди́ллард пошли́ за ним.

«Слу́жащий мили́ции И́горь Стро́гов. Покажи́те Ва́ши води́тельские права́, пожа́луйста,» сказа́л милиционе́р наруши́телю.

«Вот мои́ води́тельские права́,» води́тель показа́л свои́ води́тельские права́, «А в чём де́ло?» сказа́л он серди́то.

«Вы е́хали по го́роду на ско́рости сто два́дцать киломе́тров в час. Ограниче́ние ско́рости - шестьдеся́т,» сказа́л сержа́нт.

«А, э́то. Ви́дите, я то́лько что помы́л свою́ маши́ну. Поэ́тому я е́хал немно́го побыстре́е, что́бы просуши́ть её,» сказа́л челове́к с хи́трой улы́бкой.

«Ско́лько сто́ит помы́ть маши́ну?» спроси́л милиционе́р.

«Не мно́го. Э́то сто́ит двена́дцать гри́вней,» сказа́л наруши́тель.

«Вы не зна́ете цен,» сказа́л сержа́нт Стро́гов, «Э́то действи́тельно сто́ит две́сти двена́дцать гри́вней. Потому́ что Вы запла́тите две́сти гри́вней за су́шку маши́ны. Вот квита́нция. Прия́тного дня,» сказа́л милиционе́р. Он отда́л штрафну́ю

on the gas up to the stop and switched on the siren. They rushed with the howling siren past buildings, cars and buses. Igor Strogoff made the blue car stop. Sergeant got out of the car and went to the speeder. Pasha and Dillard went after him.

"I am police officer Igor Strogoff. Show your driving license, please," the policeman said to the speeder.

"Here is my driving license," the driver showed his driving license, "And what is the matter?" he said angryly.

"You were driving through the city with a speed of one hundred and twenty kilometers an hour. The speed limit is sixty," the sergeant said.

"Ah, this. You see, I have just washed my car. So I was driving a little faster to dry it up," the man said with a sly smile.

"Does it cost much to wash the car?" the policeman asked.

"Not much. It cost twelve hryvnias," the speeder said.

"You do not know the prices," sergeant Strogoff said, "It really cost you two hundred and twelve hryvnias because you will pay two hundred hryvnias for drying the car. Here is the ticket. Have a nice day," the policeman said. He

квита́нцию на две́сти гри́вней и води́тельские права́ наруши́телю и пошёл наза́д к милице́йской маши́не.

«И́горь, я полага́ю у Вас большо́й о́пыт с наруши́телями, не так ли?» спроси́л Па́ша милиционе́ра.

«Я мно́го их встреча́ю,» сказа́л И́горь, заводя́ дви́гатель, «Внача́ле они́ вы́глядят как серди́тые ти́гры и́ли хи́трые ли́сы. Но по́сле того́, как я поговорю́ с ни́ми, они́ вы́глядят как испу́ганные котя́та и́ли глу́пые обезья́ны. Как тот в си́ней маши́не.»

Тем вре́менем по у́лице недалеко́ от городско́го па́рка ме́дленно е́хал ма́ленький бе́лый легково́й автомоби́ль. Автомоби́ль останови́лся напро́тив магази́на. Мужчи́на и же́нщина вы́шли из маши́ны и подошли́ к магази́ну. Он был закры́т. Мужчи́на посмотре́л вокру́г. Зате́м он бы́стро доста́л не́сколько ключе́й и попыта́лся откры́ть замо́к. Наконе́ц он откры́л его́ и они́ вошли́ вовну́трь.

«Смотри́! Здесь так мно́го пла́тьев!» сказа́ла же́нщина. Она́ доста́ла большу́ю су́мку и начала́ всё туда́ ложи́ть. Когда́ су́мка была́ полна́, она́ отнесла́ её к автомоби́лю и пришла́ обра́тно.

«Бери́ всё бы́стро! О-о! Кака́я великоле́пная шля́па!» сказа́л мужчи́на. Он взял с витри́ны магази́на большу́ю чёрную шля́пу и оде́л её.

«Посмотри́ на э́то кра́сное пла́тье! Оно́ мне

gave a speeding ticket for two hundred hryvnias and the driving license to the speeder and went back to the police car.

"Igor, I think you have lots of experiences with speeders, haven't you?" Pasha asked the policeman.

"I have met many of them," Igor said starting the engine, "At first they look like angry tigers or sly foxes. But after I speak with them, they look like afraid kittens or silly monkeys. Like that one in the blue car."

Meanwhile a little white car was slowly driving along a street not far from the city park. The car stopped near a shop. A man and a woman got out of the car and went up to the shop. It was closed. The man looked around. Then he quickly took out some keys and tried to open the lock. At last he opened it and they went inside.

"Look! There are so many dresses here!" the woman said. She took out a big bag and began to put in everything there. When the bag was full, she took it to the car and came back.

"Take everything quickly! Oh! What a wonderful hat!" the man said. He took from the shop window a big black hat and put it on.

так нра́вится!» сказа́ла же́нщина и бы́стро оде́ла кра́сное пла́тье. У неё бо́льше не́ было су́мок. Поэ́тому она́ взяла́ побо́льше веще́й в ру́ки, вы́бежала нару́жу и бро́сила их на автомоби́ль. Зате́м она́ побежа́ла вовну́трь, что́бы принести́ ещё веще́й.

Милице́йский автомоби́ль П07 ме́дленно е́хал вдоль городско́го па́рка, когда́ ра́дио заговори́ло: «Внима́ние всем патру́льным маши́нам. Мы получи́ли сигна́л об ограбле́нии из магази́на во́зле городско́го па́рка. А́дрес магази́на у́лица Па́рковая 72.»

«П07 при́нял,» сказа́л И́горь в микрофо́н, «Я нахожу́сь о́чень бли́зко к э́тому ме́сту. Направля́юсь туда́.» Они́ нашли́ магази́н о́чень бы́стро и подъе́хали к бе́лому автомоби́лю. Зате́м они́ вы́шли из маши́ны и спря́тались за ней. Же́нщина в но́вом кра́сном пла́тье вы́бежала из магази́на. Она́ бро́сила не́сколько пла́тьев на милице́йскую маши́ну и побежа́ла обра́тно в магази́н. Же́нщина сде́лала э́то о́чень бы́стро. Она́ да́же не заме́тила, что э́то была́ милице́йская маши́на!

«Прокля́тье! Я забы́л свой пистоле́т в милице́йском уча́стке!» сказа́л И́горь. Ди́ллард и Па́ша посмотре́ли на сержа́нта Стри́кта, а зате́м удивлённо друг на дру́га. Милиционе́р был так сконфу́жен, что Ди́ллард и Па́ша по́няли - они́ должны́ помо́чь ему́. Же́нщина сно́ва вы́бежала из магази́на, бро́сила не́сколько пла́тьев на

"Look at this red dress! I like it so much!" the woman said and quickly put on the red dress. She did not have more bags. So she took more things in her hands, ran outside and put them on the car. Then she ran inside to bring more things.

The police car P07 was slowly driving along the city park when the radio began to talk: "Attention all patrols. We have got a robbery alarm from a shop near the city park. The address of the shop is 72 Park street."

"P07 got it," Igor said in the mic, "I am very close to this place. Drive there." They found the shop very quickly and drove up to the white car. Then they got out of the car and hid behind it. The woman in new red dress ran out of the shop. She put some dresses on the police car and ran back in the shop. The woman did it very quickly. She did not see that it was a police car!

"Damn it! I forgot my gun in the police station!" Igor said. Dillard and Pasha looked at the sergeant Strogoff and then surprised at each other. The policeman was so confused that Pasha and Dillard understood they must help him. The woman ran out of the shop again, put some dresses on the police car and ran back. Then Pasha said to

милице́йскую маши́ну и побежа́ла обра́тно. Тогда́ Па́ша сказа́л И́горю: «Мы мо́жем притвори́ться, что у нас есть ору́жие.»

«Дава́йте так и сде́лаем,» отве́тил И́горь, «Но вы не поднима́йтесь. У воро́в мо́жет быть ору́жие,» сказа́л он и зате́м кри́кнул, «Говори́т мили́ция! Все, кто нахо́дится внутри́ магази́на! Подними́те ру́ки и ме́дленно выходи́те из магази́на по одному́!»

Они́ подожда́ли мину́ту. Никто́ не вы́шел. Зате́м у Ди́лларда появи́лась иде́я.

«Éсли вы сейча́с не вы́йдете, то мы спу́стим на вас милице́йскую соба́ку!» кри́кнул он и зате́м зала́ял, как больша́я серди́тая соба́ка. Во́ры сра́зу вы́бежали с по́днятыми рука́ми. И́горь бы́стро оде́л на них нару́чники и отвёл к милице́йской маши́не. Зате́м он сказа́л Ди́лларду: «Это была́ отли́чная иде́я притвори́ться, что у нас есть соба́ка! Ви́дишь ли, я уже́ забыва́л свой пистоле́т два ра́за. Éсли узна́ют, что я забы́л его́ в тре́тий раз, меня́ мо́гут уво́лить и́ли заста́вят де́лать о́фисную рабо́ту. Вы не ска́жете об э́том, хорошо́?»

«Коне́чно нет!» сказа́л Ди́ллард.

«Никогда́,» сказа́л Па́ша.

«Большо́е спаси́бо за по́мощь, па́рни!» И́горь кре́пко пожа́л им ру́ки.

Igor: "We can pretend that we have guns."

"Let's do it," Igor answered, "But you do not get up. The thieves may have guns," he said and then cried, "This is the police speaking! Everybody who is inside the shop! Put your hands up and come slowly one by one out of the shop!"

They waited for a minute. Nobody came out. Then Dillard had an idea.

"If you will not come out now, we will set the police dog on you!" he cried and then barked like a big angry dog. The thieves ran out with hands up immediately. Igor quickly put handcuffs on them and got them to the police car. Then he said to Dillard: "It was a great idea pretending that we have a dog! You see, I have forgotten my gun two times already. If they learn that I have forgotten it for the third time, they may fire me or make me do office work. You will not tell anybody about it, will you?"

"Sure, not!" Dillard said.

"Never," Pasha said.

"Thank you very much for helping me, guys!" Igor shook their hands strongly.

Conjugation of the Verb Ждать (wait)

Я жду

Мы ждём

Ты ждёшь

Он, она́, оно́ ждёт

Вы/вы ждёте

Они́ ждут

28

Audio

Милице́йский патру́ль (часть 2)
The police patrol (part 2)

A

Слова́

1. без созна́ния - unconscious
2. ви́дел - saw
3. вчера́ - yesterday
4. вы́стрелил, подстрели́л - shot smbd
5. граждани́н - mister (very formal)
6. ещё - yet, still
7. засу́нуть/засо́вывать - to put into
8. защища́ть - to protect
9. звони́л - rang
10. Ива́н - Ivan (name)
11. извиня́ть - to excuse
12. Извини́те (меня́). - Excuse me.
13. и́скренне - sincerely

14. карма́н - pocket
15. ка́сса - cash register; касси́р - cashier, teller
16. кно́пка - button
17. кто́-нибу́дь (кого́-нибу́дь), кто́-то - somebody
18. Кузьма́ - Kuzma (name)
19. мада́м - madam
20. моби́льный - mobile
21. мой - my, mine
22. мужчи́ны - men
23. набра́ть/набира́ть - dial
24. нажа́ть/нажима́ть - to press
25. нали́чные де́ньги - cash
26. обы́чный - usual
27. отверну́ться - to turn one's head away
28. отве́тил - answered
29. откры́л - opened
30. поверну́л(-ся) - turned
31. принесены́(е) - taken
32. пропа́л - gone
33. разби́ть - to break by hitting
34. ре́дко - seldom
35. рикоше́т - ricochet
36. сейф - safe
37. стекло́ - glass
38. тайко́м - secretly
39. твой, Ваш - you, yours
40. телефо́н - phone; звони́ть - to phone
41. това́рищ - comrade
42. то́же - either, too, also
43. торго́вый центр - shopping center
44. укра́денный - stolen
45. у́мный - clever
46. чей - whose
47. Экспре́сс Банк - Express Bank

B

Милице́йский патру́ль (часть 2)

На сле́дующий день Ди́ллард и Па́ша сно́ва сопровожда́ли И́горя. Они́ стоя́ли во́зле большо́го торго́вого це́нтра, когда́ к ним подошла́ же́нщина.

«Пожа́луйста, не могли́ бы вы мне помо́чь?» спроси́ла она́.

The police patrol (part 2)

Next day Dillard and Pasha were accompanying Igor again. They were standing near a big shopping centre when a woman came to them.

"Can you help me please?" she asked.

"Sure, madam. What has happened?"

«Конéчно, мадáм. Что случи́лось?» спроси́л И́горь.

«Мой моби́льный телефóн исчéз. Я дýмаю, что егó укрáли.»

«Егó испóльзовали сегóдня?» спроси́л милиционéр.

«Я испóльзовала егó пéред тем, как вы́шла из торгóвого цéнтра,» отвéтила онá.

«Давáйте зайдём внутрь,» сказáл И́горь. Они́ зашли́ в торгóвый центр и осмотрéлись. Там бы́ло óчень мнóго людéй.

«Давáйте попрóбуем стáрый трюк,» сказáл И́горь, беря́ свой сóбственный телефóн, «Какóй нóмер Вáшего телефóна?» спроси́л он жéнщину. Онá сказáла и он набрáл нóмер её телефóна. Недалекó от них зазвони́л моби́льный телефóн. Они́ пошли́ к томý мéсту, где он звони́л. Там былá óчередь. Какóй-то мужчи́на в óчереди посмотрéл на милиционéра, и затéм бы́стро отверну́лся. Милиционéр подошёл побли́же, внимáтельно слýшая. Телефóн звони́л в кармáне э́того мужчи́ны.

«Извини́те,» сказáл И́горь. Мужчи́на посмотрéл на негó.

«Извини́те, Ваш телефóн звони́т,» сказáл И́горь.

«Где?» сказáл мужчи́на.

«Здесь, в Вáшем кармáне,» сказáл И́горь.

Igor asked.

"My mobile phone is gone. I think it has been stolen."

"Has it been used today?" the policeman asked.

"It had been used by me before I went out of the shopping centre," she answered.

"Let's get inside," Igor said. They went into the shopping centre and looked around. There were many people there.

"Let's try an old trick," Igor said taking out his own phone, "What is your telephone number?" he asked the woman. She said and he called her telephone number. A mobile telephone rang not far from them. They went to the place where it was ringing. There was a queue there. A man in the queue looked at the policeman and then quickly turned his head away. The policeman came closer listening carefully. The telephone was ringing in the man's pocket.

"Excuse me," Igor said. The man looked at him.

"Excuse me, your telephone is ringing," Igor said.

"Where?" the man said.

"Here, in your pocket," Igor said.

«Нет,» сказал человек.

«Да,» сказал Игорь.

«Это не мой,» сказал мужчина.

«Тогда чей телефон звонит в Вашем кармане?» спросил Игорь.

«Я не знаю,» ответил человек.

«Разрешите посмотреть,» сказал Игорь и достал телефон из кармана мужчины.

«О-о, это мой!» воскликнула женщина.

«Возьмите свой телефон, мадам,» сказал Игорь отдавая его ей.

«Разрешите, гражданин?» спросил Игорь и снова засунул руку в карман мужчины. Он достал другой телефон, потом ещё один.

«Они тоже не Ваши?» спросил Игорь человека.

Человек помотал головой, глядя в сторону.

«Какие странные телефоны!» воскликнул Игорь, «Они убегают от своих хозяев и прыгают в карманы этого человека! А теперь они звонят в его карманах, да?»

«Да,» сказал человек.

«Знаете, моя работа - защищать людей. И я буду защищать Вас от них. Садитесь в мою машину и я отвезу Вас в такое место, где ни один телефон не сможет прыгнуть в Ваш карман. Мы едем в милицейский участок,» сказал милиционер. Затем он

"No, it is not," the man said.

"Yes, it is," Igor said

"It is not mine," the man said.

"Then whose telephone is ringing in your pocket?" Igor asked.

"I do not know," the man answered.

"Let me see, please," Igor said and took the telephone out of the man's pocket.

"Oh, it is mine!" the woman cried.

"Take your telephone, madam," Igor said giving it to her.

"May I, sir?" Igor asked and put his hand in the man's pocket again. He took out another telephone, and then one more.

"Are they not yours either?" Igor asked the man.

The man shook his head looking away.

"What strange telephones!" Igor cried, "They ran away from their owners and jump into the pockets of this man! And now they are ringing in his pockets, aren't they?"

"Yes, they are," the man said.

"You know, my job is to protect people. And I will protect you from them. Get in my car and I will bring you to the place where no telephone can jump in your pocket. We go to the police station," the policeman said. Then he took the man

взял человéка под рýку и отвёл егó к милицéйской машúне.

«Люблю́ глýпых престýпников,» улыбнýлся Úгорь пóсле тогó, как онú достáвили вóра в милицéйский учáсток.

«А ýмных Вы встречáли?» спросúл Пáша.

«Да. Но óчень рéдко,» отвéтил милиционéр, «Потомý что ýмного престýпника óчень трýдно поймáть.»

Тем врéменем два человéка зашлú в Экспрéсс Банк. Одúн из них стал в óчередь. Другóй подошёл к кáссе и передáл какýю-то бумáжку кассúру. Кассúр взял бумáжку и прочитáл:

«Дорогóй товарищ,

это ограблéние Экспрéсс Бáнка. Отдáйте мне все налúчные дéньги. Éсли вы этого не сдéлаете, то я испóльзую свой пистолéт. Спасúбо.

Úскренне ваш,

Кузьмá»

«Я дýмаю, что смогý помóчь Вам,» сказáл кассúр, тайкóм нажимáя кнóпку тревóги, «Но я зáпер дéньги вчерá в сéйфе. Сейф ещё не открыт. Я попрошý когó-нибудь открыть сейф и принестú дéньги. Хорошó?»

«Лáдно. Но сдéлайте это быстро!» отвéтил грабúтель.

«Сдéлать Вам чáшку кóфе покá дéньги

by the arm and took him to the police car.

"I like silly criminals," Igor Strogoff smiled after they had taken the thief to the police station.

"Have you met smart ones?" Pasha asked.

"Yes, I have. But very seldom," the policeman answered, "Because it is very hard to catch a smart criminal."

Meanwhile two men came into the Express Bank. One of them took a place in a queue. Another one came up to the cash register and gave a paper to the cashier. The cashier took the paper and read:

"Dear comrade,

this is a robbery of the Express Bank. Give me all the cash. If you do not, then I will use my gun. Thank you.

Sincerely yours,

Kuzma"

"I think I can help you," the cashier said pressing secretly the alarm button, "But the money had been locked by me in the safe yesterday. The safe has not been opened yet. I will ask somebody to open the safe and bring the money. Okay?"

"Okay. But do it quickly!" the robber answered.

"Shall I make you a cup of coffee while

лóжат в сýмки?»	the money is being put in bags?" the cashier asked.
«Нет, благодарю́ вас. Тóлько дéньги,» отвéтил граби́тель.	"No, thank you. Just money," the robber answered.
Рáдио милицéйской маши́ны П07 заговори́ло: «Внимáние всем патрýлям. Мы получи́ли тревóгу из Экспрéсс Бáнка.»	The radio in the police car P07 began to talk: "Attention all the patrols. We have got a robbery alarm from the Express Bank."
«П07 при́нял,» отвéтил сержáнт Стрóгов. Он нажáл газ до упóра и маши́на бы́стро стартовáла. Когдá они́ подъéхали к бáнку, там ещё не бы́ло други́х милицéйских маши́н.	"P07 got it," sergeant Strogoff answered. He stepped on the gas up to the stop and the car started quickly. When they drove up to the bank, there was no other police car yet.
«Мы сдéлаем интерéсный репортáж, éсли зайдём вовнýтрь,» сказáл Пáша.	"We will make an interesting report if we go inside," Pasha said.
«Вы пáрни дéлайте то, что вам нáдо. А я зайдý вовнýтрь чéрез зáднюю дверь,» сказáл сержáнт Стрóгов. Он взял свой пистолéт и бы́стро пошёл к зáдней двери́ бáнка. Пáша и Ди́ллард вошли́ в банк чéрез центрáльную дверь. Они́ уви́дели человéка стоя́щего вóзле кáссы. Он засýнул рýку в кармáн и посмотрéл вокрýг. Человéк, котóрый пришёл с ним, отошёл от óчереди и подошёл к немý.	"You guys do what you need. And I will come inside through the back door," sergeant Strogoff said. He took out his gun and went quickly to the back door of the bank. Pasha and Dillard came into the bank through the central door. They saw a man standing near the cash register. He put one hand in his pocket and looked around. The man who came with him, stepped away from the queue and came up to him.
«Где дéньги ?» спроси́л он Кузьмý.	"Were is the money?" he asked Kuzma.
«Ивáн, касси́р сказáл, что их лóжат в сýмки,» отвéтил другóй граби́тель.	"Ivan, the cashier has said that it is being put in bags," another robber answered.
«Я устáл ждать!» сказáл Ивáн. Он достáл пистолéт и напрáвил егó на касси́ра, «Принеси́ все дéньги сейчáс-же!» кри́кнул граби́тель касси́ру. Затéм он прошёл в середи́ну помещéния и кри́кнул:	"I am tired of waiting!" Ivan said. He took out a gun and pointed it to the cashier, "Bring all the money now!" the

«Слу́шайте все! Э́то ограбле́ние! Никому́ не дви́гаться!» В э́тот моме́нт кто́-то во́зле ка́ссы дви́нулся. Граби́тель с пистоле́том не гля́дя вы́стрелил в него́. Второ́й граби́тель упа́л на пол и кри́кнул: «Ива́н! Ты глу́пая обезья́на! Прокля́тье! Ты подстрели́л меня́!»

«О-о, Кузьма́! Я не ви́дел, что э́то ты!» сказа́л Ива́н. В э́тот моме́нт касси́р бы́стро вы́бежал.

«Касси́р убежа́л, а де́ньги сюда́ ещё не принесли́!» кри́кнул Ива́н Кузьме́, «Мили́ция мо́жет ско́ро прие́хать! Что бу́дем де́лать?»

«Возьми́ что-нибу́дь тяжёлое, разбе́й стекло́ и возьми́ де́ньги. Бы́стро!» кри́кнул Кузьма́. Ива́н взял металли́ческий стул и уда́рил по стеклу́ ка́ссы. Э́то бы́ло, коне́чно, не обы́чное стекло́ и оно́ не разби́лось. Но стул верну́лся рикоше́том и уда́рил граби́теля по голове́! Он без созна́ния упа́л на пол. В э́ту секу́нду вбежа́л сержа́нт Стро́гов и бы́стро оде́л нару́чники на граби́телей. Он поверну́лся к Па́ше и Ди́лларду.

«Я же говори́л! Большинство́ престу́пников про́сто глупцы́!» сказа́л он.

robber cried at the cashier. Then he went to the middle of the room and cried: "Listen all! This is a robbery! Nobody move!" At this moment somebody near the cash register moved. The robber with the gun without looking shot at him. Another robber fell on the floor and cried: "Ivan! You silly monkey! Damn it! You have shot me!"

"Oh, Kuzma! I did not see that it was you!" Ivan said. At this moment the cashier quickly ran out.

"The cashier has run away and the money has not been taken here yet!" Ivan cried to Kuzma, "The police may arrive soon! What shall we do?"

"Take something big, break the glass and take the money. Quickly!" Kuzma cried. Ivan took a metal chair and hit the glass of the cash register. It was of course not usual glass and it did not break. But the chair went back by ricochet and hit the robber on the head! He fell on the floor unconsciously. At this moment sergeant Strogoff ran inside and quickly put handcuffs on the robbers. He turned to Pasha and Dillard.

"I did say! Most criminals are just silly!" he said.

C

Conjugation of the Verb Открыва́ть (open)

Я открыва́ю

Мы открыва́ем

Ты открыва́ешь

Он, она́, оно́ открыва́ет

Вы/вы открыва́ете

Они́ открыва́ют

29

ФЛЕКС и апэ́р
FLEX and Au pair

А

Слова́

1. Али́са Цветко́ва - Alice Tsvetkova
2. а́пэр - au pair
3. ближа́йший - nearest
4. возмо́жность - possibility
5. вы́брал - chose
6. да́та - date
7. два́жды - twice
8. дере́вня - village
9. дочь - daughter
10. Евра́зия - Eurasia
11. жил - lived
12. ко́нкурс - competition
13. курс - course
14. меня́ть - to change; измене́ние - change

15. надёжда - hope
16. надёяться - to hope
17. несправедливый - unfair
18. обучение - learning
19. один раз - once
20. писал - wrote
21. письмо - letter
22. питание - food, board
23. платил - paid
24. позвонил - called
25. посетил - visited
26. послал - sent
27. право - right; law; justice
28. присоединяться - to join
29. проблема - problem
30. прошёл - passed
31. с - since (time point); так как - as, since
32. Света - Sveta (name)
33. слуга (m), служанка (f) - servant
34. соглашение, договор - agreement
35. стандартный - standard
36. старший - elder
37. страна - country (state)
38. сельская местность - countryside
39. страница Интернета - Internet site
40. США - the United States, the USA
41. также, тоже - also
42. участник - participant
43. ФЛЕКС - FLEX
44. хозяин - host
45. человек - person
46. Чикаго - Chicago
47. электронная почта - e-mail

В

ФЛЕКС и а́пэр

Сестра́, брат и роди́тели Ди́лларда жи́ли в США. Они́ жи́ли в Чика́го. Сестру́ зва́ли Са́ра. Ей бы́ло два́дцать лет. Она́ учи́ла ру́сский с оди́ннадцати лет. Когда́ Са́ре бы́ло пятна́дцать лет, она́ захоте́ла приня́ть уча́стие в програ́мме ФЛЕКС. Програ́мма ФЛЕКС даёт возмо́жность не́которым уча́щимся школ из США и

FLEX and Au pair

Dillard's sister, brother and parents lived in the USA. They lived in Chicago. The sister's name was Sarah. She was twenty years old. She had learned Russian since she was eleven years old. When Sarah was fifteen years old, she wanted to take part in the program FLEX. FLEX gives the possibility for some high school students from the USA

Евразии провести год на Украине, проживая в семье и обучаясь в украинской школе. Программа бесплатна. Авиабилеты, проживание в семье, питание, обучение в украинской школе оплачиваются Украиной. Но к тому времени, когда Сара получила информацию о дате конкурса со страницы Интернет, день конкурса уже прошёл.

Затем она узнала о программе апэр. Эта программа даёт участникам возможность провести год или два в другой стране, проживая в принимающей семье, присматривая за детьми и обучаясь на языковых курсах. Так как Диллард учился в Донецке, Сара написала ему письмо. Она попросила его найти для неё принимающую семью на Украине.

Диллард просмотрел несколько газет и страниц с объявлениями в Интернете. Он нашёл несколько принимающих семей из Украины на http://www.Aupair-World.net/ и на http://www.PlacementAuPair.com/.

Затем Диллард посетил агентство апэр в Донецке. Его консультировала женщина. Её звали Алиса Цветкова.

«Моя сестра из США. Она хотела бы быть апэр в украинской семье. Можете ли Вы помочь в этом?» спросил Диллард Алису.

«Я буду рада помочь Вам. Мы размещаем апэр в семьях по всей Украине. Апэр - это человек, который вливается в

and Eurasia to spend a year in Ukraine, living with a host family and studying in an Ukrainian school. The program is free. Airplane tickets, living with a family, food, studying at Ukrainian school are paid by Ukraine. But by the time when she got the information about the competition date from the Internet site, the competition day had passed.

Then she learned about the program au pair. This program gives its participants the possibility to spend a year or two in another country living with a host family, looking after children and learning at a language course. Since Dillard was studying in Donetsk, Sarah wrote him an e-mail. She asked him to find a host family for her in Ukraine.

Dillard looked through some newspapers and Internet sites with adverts. He found some host families from Ukraine on http://www.Aupair-World.net/ and on http://www.PlacementAuPair.com/.

Then Dillard visited an au pair agency in Donetsk. He was consulted by a woman. Her name was Alice Tsvetkova.

"My sister is from the USA. She would like to be an au pair with a Ukrainian family. Can you help on this matter?" Dillard asked Alice.

"I will be glad to help you. We place au

принима́ющую семью́, что́бы помога́ть по до́му и присма́тривать за детьми́. Принима́ющая семья́ предоставля́ет апэр пита́ние, ко́мнату и карма́нные де́ньги. Карма́нные де́ньги мо́гут быть от 400 до 600 гри́вней. Принима́ющая семья́ должна́ заплати́ть та́кже за языко́вый курс для апэр,» сказа́ла Али́са.

«Есть хоро́шие и плохи́е се́мьи?» спроси́л Ди́ллард.

«Есть две пробле́мы при вы́боре семьи́. Во-пе́рвых, не́которые се́мьи счита́ют, что апэр - э́то служа́нка, кото́рая должна́ де́лать всё по до́му, включа́я гото́вку еды́ для всех чле́нов семьи́, убо́рку, сти́рку, рабо́ту в саду́ и так да́лее. Но апэр - э́то не служа́нка. Апэр - э́то как ста́ршая дочь и́ли сын в семье́, кото́рый помога́ет роди́телям с мла́дшими детьми́. Что́бы защити́ть свои́ права́, апэр должна́ разрабо́тать соглаше́ние с принима́ющей семьёй. Не ве́рьте, когда́ не́которые аге́нтства апэр и́ли принима́ющие се́мьи говоря́т, что они́ испо́льзуют «станда́ртное» соглаше́ние. Нет станда́ртных соглаше́ний. Апэр мо́жет измени́ть любу́ю часть соглаше́ния, е́сли она́ не справедли́ва. Всё, что апэр и семья́ бу́дут де́лать, должно́ быть запи́сано в соглаше́нии.

Втора́я пробле́ма така́я - не́которые се́мьи живу́т в ма́леньких дере́внях, где нет языковы́х ку́рсов и ма́ло мест, куда́ апэр

pairs with families all over Ukraine. An au pair is a person who joins a host family to help around the house and look after children. The host family gives the au pair food, a room and pocket money. Pocket money may be from 400 to 600 hryvnias. The host family must pay for a language course for the au pair as well," Alice said.

"Are there good and bad families?" Dillard asked.

"There are two problems about choosing a family. First some families think that an au pair is a servant who must do everything in the house including cooking for all family members, cleaning, washing, working in the garden etc. But an au pair is not a servant. An au pair is like an elder daughter or son of the family who helps parents with younger children. To protect their rights au pairs must work out an agreement with the host family. Do not believe it when some au pair agencies or host families say that they use a "standard" agreement. There is no standard agreement. The au pair can change any part of the agreement if it is unfair. Everything that an au pair and host family will do must be written in an agreement.

The second problem is this: Some families live in small villages where

мо́жет пойти́ в своё свобо́дное вре́мя. В тако́й ситуа́ции необходи́мо включа́ть в соглаше́ние, что принима́ющая семья́ должна́ опла́чивать биле́ты до ближа́йшего большо́го го́рода и обра́тно, когда́ апэ́р е́дет туда́. Э́то мо́жет быть раз и́ли два ра́за в неде́лю.»

«Поня́тно. Моя́ сестра́ хоте́ла бы семью́ из Доне́цка. Мо́жете ли Вы найти́ хоро́шую семью́ в э́том го́роде?» спроси́л Ди́ллард.

«Ну что же, сейча́с есть приме́рно два́дцать семе́й из Доне́цка,» отве́тила Али́са. Она́ позвони́ла не́скольким из них. Принима́ющие се́мьи бы́ли ра́ды име́ть апэ́р из США. Большинство́ семе́й хоте́ли бы получи́ть от Са́ры письмо́ с фотогра́фией. Не́которые из них хоте́ли та́кже позвони́ть ей, что́бы убеди́ться, что она́ мо́жет немно́го говори́ть по-ру́сски. Поэ́тому Ди́ллард дал им её но́мер телефо́на.

Не́сколько принима́ющих семе́й позвони́ли Са́ре. Зате́м она́ отпра́вила им пи́сьма. Она́ вы́брала подходя́щую семью́ и с по́мощью Али́сы разрабо́тала с ней соглаше́ние. Наконе́ц Са́ра по́лная мечта́ний и наде́жд отпра́вилась на Украи́ну.

there are no language courses and few places where an au pair can go in free time. In this situation it is necessary to include in the agreement that the host family must pay for two way tickets to the nearest big town when the au pair goes there. It may be once or twice a week."

"I see. My sister would like a family from Donetsk. Can you find a good family in this city?" Dillard asked.

"Well, there are about twenty families from Donetsk now," Alice answered. She telephoned some of them. The host families were glad to have an au pair from the USA. Most of the families wanted to get a letter with a photograph from Sarah. Some of them also wanted to telephone her to be sure that she can speak Russian a little. So Dillard gave them her telephone number.

Some host families called Sarah. Then she sent them letters. She chose a suitable family and with the help of Alice worked out an agreement with them. At last Sarah started for Ukraine full of hopes and dreams.

С

Conjugation of the Verb Посыла́ть (send)

Я посыла́ю

Мы посыла́ем

Ты посыла́ешь

Он, она́, оно́ посыла́ет

Вы/вы посыла́ете

Они́ посыла́ют

Ру́сско-англи́йский слова́рь

абсолю́тный - total
ава́рия - accident
авиашо́у - airshow
украи́нец - Ukrainian
украи́нский - Ukrainian
Украи́на - Ukraine
авто́бус - bus
автоотве́тчик - answering machine
авторучка - pen
аге́нтство - agency
а́дрес - address
адресова́ть - address
аккура́тно - carefully
Али́са (имя)- Alice
америка́нец - American
америка́нский - American
англи́йский язы́к, англи́йский - English
Анже́ла - Angela
анке́та - questionnaire
анке́та, фо́рма - form
апте́ка - pharmacy
а́пэр - au pair
аспири́н - aspirin
банк - bank
ба́нка - jar
бегу́щий; бег - running
бе́дный, несча́стный - poor
бежа́ть; бег - run
без - without
без созна́ния, нево́льно - unconscious
безопа́сный; сейф - safe
бе́лый - white
бензи́н - gas
бе́рег - shore
бе́рег мо́ря - seashore
беспла́тно; беспла́тный - free
беспоко́ить, донима́ть - bother
беспоко́иться, волнова́ться - worry
биле́т - ticket
Бо́ря Прово́рнов (имя) - Boria Provornov
бить - hit
благодари́ть - thank
бле́дный - pale
ближа́йший - nearest, next
бли́же - closer

бли́зко - close
блокно́т, тетра́дь - notebook
Боб, Бо́бик (и́мя) - Bob, Bobby
бо́лее; бо́льше - more
бо́льше, бо́льший - bigger
большо́й - big
боро́ться на рука́х - arm
брат - brother
брать уча́стие - take part
брать, взять - take
брю́ки - trousers
бу́ду, бу́дем (глагол будущего времени для I и we) - shall
бу́ду, бу́дем, бу́дешь, бу́дете, бу́дет, бу́дут - will
бу́дущий, бу́дущее - future
бу́ква, письмо́ - letter
бума́га - paper
бутербро́д - sandwich
бы (усло́вное накл.) - would
был, была́, бы́ло - was
бы́ли - were
бы́стро - quickly
бы́стрый - quick rapid
быть - be
в (внутри́) - in
в то вре́мя, как; во вре́мя - while
в час, за час - per hour
ва́жный - important
ва́нна - bath
ва́нная ко́мната - bathroom
ва́нный сто́лик - bathroom table
вдоль - along
вдруг, неожи́данно - suddenly
ведро́ - pail
везти́ - carry
вёл (авто) - drove
великоле́пный; вели́кий - great
велосипе́д, ба́йк - bike
ве́рить - believe
ве́рно - correctly
ве́тер - wind
ветерина́р - vet
ве́чер - evening
вещь, предме́т - thing

взял - took
взять, брать - take
вид, разновидность - kind
вид; смотреть - look
видел - saw
видеодиск - DVD
видеокассета - videocassette
видеомагазин - video-shop
видеть - see
включать - turn on
включил - switched on
вкусный - tasty
владелец - owner
влево, левый - left
вместе - together
вместо - instead
вниз - down
внимание - attention
внимательно - carefully
внутри, внутрь - inside
во время - during
вовнутрь - into
вокруг - around
вода, поливать - water
водитель - driver
водительские права - driving license
водить (автомобиль и т.п.)- drive
воздух - air
воздушный змей - kite
возле, рядом - near nearby
возможно; можно - may
возможность - possibility
возможный - possible
возражать (в отриц. и вопр. предл.) - mind
возраст - age
война - war
вокруг, круглый - round
волна - wave
волноваться, беспокоиться - worry
волосы (всегда в ед. ч.) - hair
вонючий, зловонный - stinking
вор - thief
воры - thieves
восемь - eight
воскресенье - Sunday
восстанавливать - rehabilitate
восстановление - rehabilitation

восьмой - eighth
вот - here
вправо, правый - right
врать, враньё; лежать - lie
врач - doctor
вращающийся, вращение - turning
время на часах - o'clock
время; раз - time
вручать, давать, передавать - hand
все - all
всё - all everything
всё подряд - all-round
всё равно, всё ещё - still
всегда - always
вслух - aloud
вспомнил - remembered
вставать, подниматься - get up
встретил - met
встречать, встречаться - meet
второй - second
вчера - yesterday
выбирать - choose
выбрал - chose
выключать - turn off
высокий, высоко - high
выстрелил, подстрелил, выстрел - shot
высший; верх - top
газ - gas
газета - newspaper
где; куда - where
глаз - eye
глупый - silly
говорить, разговаривать - speak
год - year
голова - head
голодный - hungry
голос - voice
город (небольшой) - town
гостиница - hotel
гость - guest
готовка еды; готовящий - cooking
готовый - ready
грабитель - robber
графа - field
гривня - hryvnia
грузить - load
грузовик - truck
грузчик - loader

гру́стный - sad
гря́зный - dirty
гуля́ть; идти́ пешко́м - walk
да - yes
да (в разгово́ре) - yeah!
дава́й, дава́йте - let us, let's
дави́ть, нажа́ть - press
дал - gave
далеко́ - far
да́льше - further
да́та - date
дать, дава́ть - give
два - two
два́дцать - twenty
два́дцать оди́н - twenty-one
два́дцать пять - twenty-five
два́жды - twice
двена́дцать - twelve
дверь - door
дви́гался, подви́нутый - moved
дви́гатель - engine
двор - yard
де́вочка, де́вушка - girl
девя́тый - ninth
де́вять - nine
действи́тельно, на са́мом де́ле - really
де́лал - did
де́лать - do
де́лать - make
де́лать звоно́к; звоня́щий - calling
де́ло; предме́т - matter
Андре́й (и́мя) - Andrew
Андре́я (чей?) - Andrew's
день - day
де́ньги - money
дере́вня - village
деся́тый - tenth
де́сять - ten
дета́ль, часть - part
де́ти - children
детса́д - kindergarten
Серге́й - Sergey (name)
Па́ша - Pasha
Па́ши (чей?)- Pasha's
Джон (и́мя) - John
Никола́й (имя) - Nikolay
дли́нный - long
дли́ться, продолжа́ться - last

для - for
до (како́го-ли́бо моме́нта) - until
до свида́ния - goodbye
добра́ться - get
до́брый - kind
дово́льно таки́ - quite
догово́р - agreement
до́ждь; дожди́ть - rain
дом - home
дом - house
дома́шняя рабо́та - homework
доро́га - road
дорого́й - dear
дочь - daughter
друг - boyfriend
друг - friend
друг дру́га - each other
друго́й - other
друго́й; ещё оди́н - another
дружелю́бный - friendly
ду́мать, полага́ть - think
ду́мая - thinking
Михаи́л (и́мя) - Mikhail
Евра́зия - Eurasia
его́ (на вопро́с чей? с неоду́ш. предме́том) - its
его́ (чей?) - his
его́, ему́, им (ко́свенный паде́ж) - him
еда́ - food
еда́ (тра́пеза) - eating
еди́нственный; то́лько - only
её (чей?)- her
ежедне́вно (-ый) - daily
ежеча́сно (-ый) - hourly
е́здить верхо́м на ло́шади, велосипе́де, метле́ и т.п. - ride
е́сли - if
есть, ку́шать - eat
ещё (в вопр. и отриц. предл.) - else
ещё (в отриц. и вопр. предл.) - yet
ждал - waited
ждать - wait
желе́зная доро́га - railway
жёлтый - yellow
же́нский, же́нщина - female
же́нщина - woman
же́нщины (чей?) - woman's
живо́тное - animal

живо́тное дома́шн. - pet
жизнь - life
жил - lived
жить - live
журна́л - magazine
журнали́ст - journalist
за - behind
заба́вный - funny
забо́титься, забо́та - care
забо́тливый - careful
забы́л - forgot
забы́тый - forgotten
забы́ть - forget
за́втра - tomorrow
за́втрак - breakfast
за́втракать - have breakfast
завыва́я, вой - howling
зага́дка - mystery
загрязня́ть - pollute
зада́ча - task
за́дняя часть, спина́ - back
зака́зывать; зака́з; прика́з, прика́зывать - order
зако́нчил, око́нченный - finished
закрыва́ть - close
закры́л; закры́тый - closed
замере́ть; засты́ть - freeze
замерза́ть - freeze
запи́сывающий мы́сли - thought-recording
за́пись, запи́сывать - record
заполня́ть - fill up
зараба́тывать - earn
зацепи́ть(ся) - catch on
заче́м; почему́ - why
защища́ть - protect
заявле́ние подава́ть - apply
звать - call
звезда́ - star
звёздочка - asterisk
звони́л - rang
звони́ть по телефо́ну; телефо́нный
звоно́к - call
звони́ть, звоно́к; кольцо́ - ring
звони́ть, телефо́н - phone
здесь - here
здо́рово - cool
здоро́вье - health
здра́вствуйте, приве́т - hello

зе́бра - zebra
зелёный - green
земля́ - earth
земля́, приземля́ться - land
знал - knew
знать - know
зна́чить - mean
зоопа́рк - zoo
зри́тели - audience
и - and
и так да́лее - etc.
игра́; игра́я - playing
игра́ть - play
игру́шка - toy
иде́я - idea
идти́ (приближа́ться) - come
идти́ (удаля́ться); е́хать - go
идти́ пешко́м, прогу́ливаться - walk
из - from
из, нару́жу - out of
извиня́ть - excuse
изда́тельство - publishing
измене́ние - change
и́ли - or
име́ет - has
име́л - had
име́ть - have
индивидуа́льно - individually
инжене́р - engineer
иногда́ - sometimes
инопланетя́нин - alien
интере́сный - interesting
информа́ция - information
и́скренне - sincerely
и́скренний - frank
иску́сство - art
испо́льзовал, испо́льзованный - used
испо́льзовать - use
исправля́ть - correct
испу́ганный - afraid
исто́рия - story
их - their
их, им, и́ми (ко́свенный паде́ж) - them
к, в, на - to
ка́ждый - every
как - as
как - how
како́й; что - what

ка́мень - stone
капита́н - captain
карма́н - pocket
ка́рта - map
карти́на, фотогра́фия - picture
Ка́спер (и́мя) - Kasper
ка́сса - cash register
касси́р - cashier
кафе́ - café
кача́ясь - pitching
кенгуру́ - kangaroo
Ки́ев - Kiev
киломе́тр - kilometer
кит - whale
кит-уби́йца, каса́тка - killer whale
клавиату́ра - keyboard
класс - class
кла́ссная ко́мната - classroom
клие́нт - customer
клуб - club
ключ - key
кни́га - book
кни́жный шкаф - bookcase
кно́пка - button
когда́ - when
колесо́ - wheel
колле́га - colleague
университе́т - university
кома́нда, коллекти́в - team
кома́р - mosquito
ко́мната - room
компа́кт-диск - CD
компа́ния - company
компози́ция - composition
компью́тер - computer
коне́чно - of course
ко́нкурс - competition
консульта́нт - consultant
консульта́ция - consultancy
консульти́ровать - consult
контро́ль - control
координа́ция - co-ordination
кора́бль - ship
корми́ть - feed
коро́бка - box
коро́ткий - short
ко́ршун - kite
косми́ческий кора́бль - spaceship

ко́смос - space
котёнок - kitten
кото́рый - which
кото́рый; кто - who
ко́фе - coffee
ко́шечка - pussycat
ко́шка, кот - cat
Джо́нсон - Johnson
кран; посту́кивать - tap
кра́сный - red
красть - steal
кре́пкий - firm
кре́пкий - tough
кри́кнул - cried
криминальный - criminal
криста́лл - crystal
крича́ть - cry
крова́ть - bed
кро́ме - but
кру́пный го́род - city
кры́са - rat
кры́ша - roof
кста́ти - by the way
кто; кото́рый - who
кто-нибу́дь, кто-то - somebody
куда́; где - where
ку́кла - doll
курс - course
ку́ртка - jacket
куса́ть - bite
ку́хня - kitchen
кухо́нная плита́ - cooker
Кэ́рол (и́мя) - Carol
ла́зер - laser
ла́ял - barked
лгать, ложь; лежа́ть - lie
лев - lion
ле́вый, вле́во - left
лёгкая еда́ - snack
легко́, пла́вно - fluently
легково́й автомоби́ль - car
лежа́ть; лгать, ложь - lie
ле́стница - stairs
лета́ть; му́ха - fly
ли́дер - leader
Лю́ба (и́мя) - Liuba
лиса́ - fox
лист; простыня́ - sheet

лифт; поднима́ть - lift
лицо́ - face
ли́чный - personal
лишь - just
лови́ть - catch
ложи́ть, ста́вить, помеща́ть - put
лу́чше - better
лу́чший - best
люби́л - loved
люби́мый - favorite
любо́вь, люби́ть - love
любо́й - any любо́й из двух - either
любопы́тствовать; чу́до - wonder
лю́ди - people
магази́н - shop
мада́м - madam
ма́ленький - little
ма́ленький - small
ма́ло - few
ма́льчик - boy
ма́ма - mom
ма́мин (чей?)- mother's
Ди́ллард (и́мя)- Dillard
Ди́лларда (чей?)- Dillard's
ма́сло; нама́зывать ма́слом - butter
матра́с - mattress
мать, ма́ма - mother
маши́на - machine
ме́бель - furniture
медици́нский - medical
ме́дленно - slowly
ме́жду - between
ме́жду про́чим - by the way
ме́ньше, ме́нее - less
меня́, мне, мной (ко́свенный паде́ж) - me
меня́ть - change
ме́сто; помеща́ть - place
ме́сяц - month
мета́лл, металли́ческий - metal
ме́тод - method
метр - meter
мечта́, мечта́ть - dream
микрофо́н - microphone , сокращ. mic
миллиа́рд - billion
милиционе́р - policeman
ми́лый, краси́вый, хоро́ший - nice
ми́мо; по́сле; про́шлое - past
ми́нимум - at least

мину́та - minute
мир - world
мисс (незаму́жняя же́нщина); скуча́ть (по ком-л.) - miss
господи́н - Mr.
мно́го - lot
мно́го - many
мно́го (для неисчисля́емых предме́тов) - much
моби́льный - mobile
мог - could
мо́жно; возмо́жно - may
мой, моя́, моё - my
мо́йка; мо́ечный - washing
мо́крый, вла́жный - wet
молодо́й - young
мо́лча, в молча́нии - silently
молчали́вый, молча́щий - silent
моме́нт - moment
моното́нный - monotonous
мо́ре - sea
моро́женое - ice-cream
мост - bridge
мужско́й, мужчи́на - male
мужчи́на - man
мужчи́ны - men
мужчи́ны (чей?)- man's
му́зыка - music
мы - we
А́ня (и́мя) - Anya
на - on
на (тра́нспорте) - by
на у́лице - outdoors outside
на у́лицу; нару́жу - out
наби́тый внутри́ (наприме́р ва́той) - stuffed
на́вык, уме́ние - skill
над, че́рез; сверх, свы́ше - over
наде́жда, наде́яться - hope
на́до, ну́жно - must
на́до, ну́жно; нужда́ться; нужда́ - need
нажа́л ного́й - stepped
нажима́я ного́й - stepping
наза́д - back
назва́ние, и́мя; называ́ть - name
называ́ть; и́мя, назва́ние - name
наконе́ц - at last
нали́чные де́ньги - cash

нам, нас, нами (косвенный падеж) - us
написанный (3-я форма) - written
напиток - drink
наполнять - fill up
направил, направленный - pointed
направляться - head
например - for example
наружу, на улицу - out
наружу, снаружи (на улице) - outside outdoors
наручники - handcuffs
нарушитель - speeder
настоящий, реальный - real
находить - find
находчивый, сообразительный - smart
национальность - nationality
начал - began
начал - started
начинать - begin
начинать - start
наш - our
нашёл - found
не - not
не уметь, не мочь - cannot
неверно - incorrectly
неделя - week
неисправен, неисправный - out of order
немедленно - immediately
немецкий - German
немного, несколько - some
ненавидеть - hate
неожиданно - suddenly
неправильно - incorrectly
несколько, немного - some
несколько, немного (в отрицаниях) - any
несправедливый - unfair
нести - carry
несчастный случай - accident
нет - no
нефть, масло - oil
никогда - never
никто - nobody
ничего - nothing
но - but
новый - new
нога - leg
номер; нумеровать - number
нос - nose

ночь - night
нравиться, любить - like
о - about
О! (восклицание) - Oh!
о, об - about
обезьяна - monkey
обманывать, обман; лежать - lie
образование - education
обратно - back
обслуживать - serve
обслуживать; сервис, услуга - service
обучение - learning
общежитие - dorms
объявление - ad
объявление - advert
объяснять - explain
обычно - usually
обычный - usual
огонь - fire
ограбление - robbery
ограничение, ограничивать - limit
одарённость - gift
одежда, платье; одевать - dress
один - one
один за другим - one by one
один раз, однажды - once
одиннадцать - eleven
одинокий; один - single
однажды, один раз - once
озеро - lake
оканчивать - finish
окно - window
около - at
окончание, конец - finish
олимпийский - olympic
он - he
она - she
они - they
оно (для обозначения всех предметов кроме людей) - it
опр. арт., не переводится - the
опыт - experience
опять - again
оружие - gun
освобождать - set free
особенно - especially
оставаться (в остатке) - remain
останавливать(ся) - stop

останови́л, остано́вленный - stopped
осторо́жный - careful
от - from
отве́т; отвеча́ть - answer
отве́тил; отве́ченный - answered
отде́л ка́дров - personnel department
отка́зывать(-ся), не соглаша́ться - refuse
открыва́ть - open
откры́л, откры́тый - opened
о́тчество - middle name
о́фис - office
офице́р, сотру́дник - officer
оце́нивать - estimate
оцени́л, оце́ненный - estimated
о́чень; тот са́мый - very
о́чередь - queue
па́дать, паде́ние - fall
паникова́ть, па́ника - panic
па́па - dad
па́почка - daddy
парашю́т - parachute
парашюти́ст - parachutist
па́рень - guy
парк - park
патру́ль - patrol
певе́ц, певи́ца - singer
пе́рвый - first
перево́дчик - translator
переговорный пункт - call centre
пе́ред / перед тем, как / прежде чем - before
пе́ред (в простра́нстве) - in front of
пере́дний, лицева́я сторона́ - front
переры́в; прерыва́ть, лома́ть - break
песо́к - sand
петь - sing
пешко́м - on foot
пило́т - pilot
писа́л - wrote
писа́тель - writer
писа́тельская рабо́та - writing work
писа́ть - write
пи́сьменный стол - desk
письмо́; бу́ква - letter
пить - drink
пла́вать (о челове́ке) - swim
пла́кать - cry
план, плани́ровать - plan

плане́та - planet
плати́л, опла́ченный - paid
плати́ть - pay
плохо́й - bad
пло́щадь; квадра́т - square
плыву́щий - floating
плыть (о су́дне) - float
поверну́л(-ся) - turned
повора́чивать(-ся) - turn
пого́да - weather
пого́ня - pursuit
погру́зочный - loading
под, ни́же - under
пода́рок - gift
поднима́ть; лифт - lift
подру́га - girlfriend
подсо́лнух - sunflower
подходя́щий - suitable
подчёркивать - underline
по́езд; тренирова́ть - train
пожа́луйста; ра́довать - please
позволя́ть, пуска́ть - let
позвони́л - called
Пока́! (проща́ясь) - bye
показа́л - showed
пока́зывать; пока́з, шоу - show
покида́ть, оставля́ть; разреше́ние - leave
покупа́ть - buy
пол - sex
пол (в зда́нии) - floor
полага́ть - believe
по́ле - field
полива́ть, вода́ - water
по́лный - full
полови́на - half
положе́ние - status
получа́ть удово́льствие - enjoy
получи́ть - get
помеща́ть, ложи́ть, ста́вить - put
помеща́ть; ме́сто - place
помо́щник - helper
по́мощь; помога́ть - help
понеде́льник - Monday
понима́ть - understand
по́нял - understood
попере́к - across
посети́л, посещённый - visited
посети́тель - visitor

посещáть; посещéние - call
послáл, пóсланный - sent
пóсле - after
пóсле; мúмо; прóшлое - past
послéдний, прóшлый - last
посмотрéл - looked
постоя́нный - constant
потóм, пóсле э́того; тогдá - then
потому́ что - because
поцелу́й - kiss
почему́, зачéм - why
почи́стил; почúщенный - cleaned
пошёл, поéхал - went
поэ́тому; так - so
пра́вило; управля́ть - rule
пра́вильно - correctly
пра́вильный - correct
пра́вый, впрáво - right
превышéние скóрости - speeding
предмéт, вещь - thing
прекрáсный - beautiful
прекрáсный, изя́щный - fine
преподавáть - teach
приблизи́тельно - about
при́был, приéхал; при́бывший - arrived
при́быть - arrive
привéт - hi
привози́ть - bring
пригото́вить(ся) - prepare
приём, трюк - trick
приéхать - arrive
прикáзывать; закáзывать; закáз; прикáз - order
приключéние - adventure
примéр - example
примéрно - about, approximately
приноси́ть - bring
прирóда - nature
присоединя́ться - join
пристёгивать - fasten
присты́женная - ashamed
притворя́ться, симули́ровать - pretend
приходи́ть - come
причи́на, пóвод - reason
пришёл - came
про - about
проблéма - problem
прóбовать, пытáться - try

проверя́ть - check
прóвод, кáбель - cable
проводи́ть (врéмя); трáтить - spend
провóрный - brisk
проглоти́ть, глотóк - swallow
прогрáмма - program
программи́ст - programmer
прогу́лка - walking
продавáть - sell
продавéц магази́на - shop assistant
продолжáть - continue
продолжáться, дли́ться - last
продóлжил, продóлженный - continued
прои́грыватель ди́сков - CD player
производи́ть - produce
произошлó - happened
происходи́ть - happen
прокля́тье - damn
пронёсся - rushed
проси́ть - ask
прóсто - just
простóй - simple
просту́да - cold
прóтив - against
профéссия - profession
прохлáдный - cool
проходи́ть; сдавáть экзáмен - pass
прочь - away
прошёл, прошéдший - passed
прóшлый, послéдний - last
пры́гать; прыжóк - jump
пря́тался - hid
пря́тать(-ся)- hide
пря́тки, пря́чущийся - hiding
пти́ца - bird
пу́говица; застёгивать - button
пускáть, позволя́ть - let
пустáя (графá и́ли пóле ввóда слов) - blank
пустóй - empty
путь, направлéние; спóсоб - way
пытáлся - tried
пытáться, прóбовать - try
пятнáдцать - fifteen
пя́тый - fifth
пять - five
рабóта, дóлжность - job
рабóта, рабóтающий, рабóтая - working

рабо́та; рабо́тать - work
рабо́тал - worked
работода́тель - employer
рабо́чий - worker
рад - glad
рада́р - radar
ра́дио - radio
ра́дость - fun
раз; вре́мя - time
развива́ть - develop
разгова́ривать - talk
разгружа́ть - unload
разли́чный - different
разруша́ть - destroy
разъезжа́ть - travel
распространя́ться - spread
ребёнок - child
реда́ктор - editor
ре́дко - seldom
рези́на - rubber
рекла́ма - advert
рекоменда́ция - recommendation
рекомендова́л, рекомендо́ванный - recommended
рекомендова́ть - recommend
ремни́ безопа́сности - seat belts
репортёр - reporter
речь - speech
рикоше́т - ricochet
роди́тель - parent
родно́й; уроже́нец - native
Росси́я - Russia
россия́нин(-ка), росси́йский - Russian
ру́брика - rubric
рука́ - arm
рука́ - hand
руководи́тель, глава́ - head
ря́дом, во́зле - near nearby
с - from
с - with
с (како́го-то моме́нта в про́шлом), так как - since
сад - garden
сади́ться - sit down
самолёт - airplane
са́мый - most
Све́та (и́мя) - Sveta
свида́ние - date

свобо́дно (о языке́) - fluently
свобо́дный - free
свы́ше; че́рез, над - over
сдава́ть экза́мен; проходи́ть - pass
сего́дня - today
седовла́сый - gray-headed
седьмо́й - seventh
сезо́н - season
сейф; безопа́сный - safe
сейча́с, тепе́рь - now
секре́т - secret
секрета́рь - secretary
се́льская ме́стность - country
семе́йное положе́ние - family status
семена́, се́ять - seed
семна́дцать - seventeen
семь - seven
семья́ - family
се́рвис, услу́га; обслу́живать - service
серди́то - angrily
серди́тый - angry
сержа́нт - sergeant
сериа́л - serial
се́рый - grey
серьёзно - seriously
сестра́ - sister
сза́ди - behind
сигна́л, сигна́лить - beep
сиде́нье, ме́сто для сиде́ния - seat
сиде́ть - sit
Донецк (го́род на Украи́не) - Donetsk
си́ла - strength
си́льно - strongly
си́льный - strong
си́ний - blue
сире́на - siren
ситуа́ция - situation
сказа́л, ска́занный - said
сказа́ть - say
сконфу́женный - confused
ско́ро, вско́ре - soon
ско́рость - speed
скуча́ть (по ком-л.); мисс (незаму́жняя же́нщина) - miss
слегка́ - slightly
сле́дующий; ближа́йший - next
сли́шком (пе́ред прилаг. и наре́ч.) - too
сло́во - word

слуга́ - servant
слу́жащий, офице́р, сотру́дник - officer
слу́шать - listen
слы́шать - hear
слы́шал - heard
смерте́льный - deadly
смея́ться - laugh
смотре́ть (фильм, шо́у и т.п.) - watch
смотре́ть; вид - look
снача́ла - at first
снег; снежи́ть - snow
сно́ва - again
соба́ка, пёс - dog
со́бственный - own
соглаша́ться - agree
соглаше́ние - agreement
сожале́ющий - sorry
сон, ви́деть сон - dream
сон; спя́щий - sleeping
сообща́ть - inform report
сообщи́л, проинформи́рованный - informed
сопровожда́л - accompanied
сопровожда́ть - accompany
соревнова́ние - competition
со́рок четы́ре - forty-four
сосе́д - neighbour
составля́ть - compose
сочине́ние - composition
спание́ль - spaniel
спаса́тельная слу́жба - rescue service
спаса́ть - rescue
спаса́ть; сохраня́ть; эконо́мить - save
спать - sleep
спи́сок; вноси́ть в спи́сок - list
споко́йно; ти́хо, потихо́ньку - quietly
спорт - sport
спо́соб; путь, направле́ние - way
спроси́л, спро́шенный - asked
спроси́ть - ask
сре́дний - middle
ста́вить, ложи́ть, помеща́ть - put
стака́н - glass
станда́ртный - standard
станови́ться - getting
ста́нция - station
ста́рший - elder
ста́рый - old

стекло́ - glass
стира́льная маши́на - washer
сто - hundred
сто́ить; сто́имость - cost
стол; табли́ца - table
стоя́ть - stand
страна́ - country
страни́ца Интерне́та - Internet site
стро́гий - strict
стро́йный - slim
студе́нт - student
стул - chair
ступня́ - foot
суббо́та - Saturday
суме́ть; управля́ть, руководи́ть - manage
су́мка - bag
суперма́ркет - supermarket
суши́ть, сухо́й - dry
сходи́ть с тра́нспорта - get off
счастли́вый - happy
сча́стье - happiness
США - United States, USA
США (всегда́ с the) - USA
сын - son
сы́пать, лить - pour
сюда́ - here
табле́тка - pill
тайко́м - secretly
так как - as
так; поэ́тому - so
та́кже - also
та́кже - as well
такси́ - taxi
там; туда́ - there
та́нкер - tanker
танцева́л - danced
танцева́ть - dance
танцу́я - dancing
таре́лка - plate
тащи́ть, тяну́ть - pull
твёрдый - hard
твой, Ваш, ваш - your
тво́рческий - creative
те - those
текст - text
телеви́дение - television
телеви́зор - TV-set
телефо́н, звони́ть - phone

телефо́н; звони́ть по тел. - telephone
телефо́нная тру́бка; ДУ - handset
тем вре́менем - meanwhile
тёмный - dark
тёплый; нагрева́ть - warm
тере́ть(-ся) - rub
теря́ть - loose
тест, контро́льная; тести́ровать - test
тетра́дь, блокно́т - notebook
тече́ние - current
тече́ние; течь - flow
тигр - tiger
тип, разнови́дность - kind
ти́хо, потихо́ньку, споко́йно - quietly
тогда́, зате́м, пото́м - then
то́же - also
то́же - as well
то́же (в конце́ предложе́ний) - too
то́же (в отриц. предл.) - either
ток - current
толка́ть - push
то́лько - just
то́лько; еди́нственный - only
тому́ наза́д (о вре́мени) - ago
торго́вый центр - shopping center
то́рмоз, тормози́ть - brake
тот же са́мый - same
тра́нспорт; транспорти́ровать - transport
тра́тить; проводи́ть (вре́мя) - spend
трево́га - alarm
тренирова́ть; по́езд - train
тре́тий - third
три - three
три́дцать - thirty
тру́дный - difficult
трудный - hard
трюк, приём - trick
тря́с(-ся) - shook
трясти́(сь) - shake
туале́т - toilet
туда́; там - there
ты, Вы, вы - you
ты́сяча - thousand
тяжёлый - hard
убежа́л - ran away
уби́йца - killer
уби́л, уби́тый - killed
уве́ренный - sure
уво́лить - fire
уда́рить - hit
удиви́тельный, чуде́сный - wonderful
удивле́ние, удивля́ть - surprise
удово́льствие - fun
уже́ - already
узна́л; учи́л - learned
узна́ть; учи́ть(ся) - learn
Колобо́ков (фами́лия) - Kolobokov
укра́денный - stolen
Украи́на - Ukraine
украи́нец/украи́нка - Ukrainian (national.)
украи́нский - Ukrainian (adj.)
улете́л - flew away
у́лица - street
улы́бка, улыба́ться - smile
улыбну́лся - smiled
уме́ние, на́вык - skill
у́мер - died
уме́ть, мочь - can
умира́ть - die
у́мный - clever
у́мственно - mentally
у́мственный - mental
умыва́ть(-ся), мы́ть(-ся) - wash
упа́л - fell
управля́ть рулём - steer
управля́ть, руководи́ть; суме́ть - manage
уро́к - lesson
уста́вший - tired
у́тро - morning
у́хо - ear
уходи́ть, уезжа́ть - leave
уча́стник, член - member
уче́бник - textbook
учи́тель, преподава́тель - teacher
учи́ть(-ся), изуче́ние - study
учи́ть(ся); узна́ть - learn
фе́рма - farm
фе́рмер - farmer
физи́ческая рабо́та - manual work
фильм; фотоплёнка - film
фина́нсы - finance
фи́рма - firm
Форд (ма́рка маши́ны) - Ford
фото́граф - photographer
фотографи́ровать, фотогра́фия - photograph

фра́за - phrase
хвата́ть - catch
хвост - tail
хими́ческий; хими́ческое вещество́ - chemical
хи́мия - chemistry
хи́тро - slyly
хи́трый - sly
хлеб - bread
хозя́ин принима́ющий госте́й - host
холо́дный, хо́лод - cold
хоро́ший - good
хорошо́ - well
хорошо́, ла́дно, согла́сен - okay OK
хоте́л - wanted
хоте́ть, жела́ть - want
хотя́ - although
худо́жник, арти́ст - artist
цвето́к - flower
целова́ть - kiss
цена́ - price
центр - centre
центра́льный - central
церемо́ния - ceremony
чай - tea
ча́йник - kettle
час - hour
ча́сто - often
часть; дета́ль - part
часы́ (нару́чные) - watch
ча́шка - cup
чей - whose
челове́к, ли́чность - person
челове́к, челове́ческий - human
чем - than
че́рез (о вре́мени) - in
че́рез, над; сверх, свы́ше - over
че́рез, сквозь; посре́дством - through

чёрный - black
четвёртый - fourth
чёткий; о́стрый - sharp
четы́ре - four
чи́стка, чи́стящий, очища́я - cleaning
чи́стый; чи́стить - clean
чита́ть - read
чте́ние, чита́ющий - reading
что (сою́з); тот - that
что; како́й - what
что-нибу́дь - anything
что-то; ко́е-что - something
чу́вство; чу́вствуя - feeling
чужо́й, незнако́мый; стра́нный - strange
чу́чело парашюти́ста - stuffed parachutist
шаг, ступа́ть - step
шанс, удо́бный слу́чай; случа́йность - chance
шесто́й - sixth
шесть - six
шестьдеся́т - sixty
широ́кий; широко́ - wide
шко́ла - school
шля́па - hat
щено́к - puppy
э.. (междоме́тие) - ah..
эй! - hey!
Экспре́сс Банк - Express Bank
электри́ческий - electrical
электро́нная по́чта - e-mail
эне́ргия - energy
э́ти - these
э́то (собира́тельный о́браз) - stuff
э́тот, э́та, э́то - this
я - I
язы́к (разгово́рный) - language
я́щик - box

А́нгло-ру́сский слова́рь

a - неопр. арти́кль не перево́дится
about - о, об, про; приблизи́тельно
accident - ава́рия; несча́стный слу́чай
accompanied - сопровожда́л
accompany - сопровожда́ть
across - поперёк, че́рез
ad - объявле́ние
address - а́дрес; адресова́ть
adventure - приключе́ние
advert - объявле́ние, рекла́ма
afraid - испу́ганный
after - по́сле
again - опя́ть, сно́ва
against - про́тив
age - во́зраст
agency - аге́нтство
ago - тому́ наза́д (о вре́мени)
agree - соглаша́ться
agreement - соглаше́ние, догово́р
ah.. - э.. (междоме́тие)
air - во́здух
airplane - самолёт
airshow - авиашо́у
alarm - трево́га
Alice - Али́са (и́мя)
Alice Tsvetkova - Али́са Цветко́ва (и́мя)
alien - инопланетя́нин; чужестра́нец
all - все, всё
all-round - всё подря́д
along - вдоль
aloud - вслух
already - уже́
also - та́кже, то́же
although - хотя́
always - всегда́
am - есть, находи́ться (глаго́л to be)
American - америка́нец, америка́нский
an - неопр. арт., не перево́дится
and - и; а
Angela - Анже́ла
angrily - серди́то
angry - серди́тый
animal - живо́тное
another - друго́й, ещё оди́н
answer - отве́т; отвеча́ть

answered - отве́тил, отве́ченный
answering machine - автоотве́тчик
any - не́сколько, немно́го; любо́й (в утве́рд. предл.)
anything - что-нибу́дь
apply - подава́ть заявле́ние (напр. на рабо́ту)
are - есть, находи́ться (глаго́л to be)
arm - рука́; боро́ться на рука́х
around - вокру́г
arrive - прибы́ть, прие́хать
arrived - при́был, при́бывший
art - иску́сство
artist - худо́жник, арти́ст
as - как; в ка́честве; так как; когда́
as well - та́кже, то́же
ashamed - присты́женная
ask - спроси́ть; проси́ть
asked - спроси́л, спро́шенный
aspirin - аспири́н
asterisk - звёздочка
at - у, о́коло, в
at first - снача́ла
at last - наконе́ц
at least - ми́нимум, по кра́йней ме́ре
attention - внима́ние
au pair - апэ́р
audience - зри́тели
Ukraine - Украи́на
Ukrainian - украи́нец, украи́нский
away - прочь
back - наза́д, обра́тно; за́дняя часть
bad - плохо́й
bag - су́мка
bank - банк
barked - (за)ла́ял
bath - ва́нна
bathroom - ва́нная ко́мната
bathroom table - ва́нный сто́лик
be - быть
beautiful - прекра́сный
because - потому́ что
bed - крова́ть
been - 3-я фо́рма глаго́ла быть
beep - сигна́л, сигна́лить

before - пе́ред / пре́жде чем / перед тем, как
began - на́чал
begin - начина́ть
behind - сза́ди, за
believe - ве́рить, полага́ть
best - лу́чший
better - лу́чше
between - ме́жду
big - большо́й
Big Pollutexxon - Большо́й Загрязни́тель (назва́ние)
bigger - бо́льше, бо́льший
bike - велосипе́д, байк
billion - миллиа́рд
Boria Provornov - Бо́ря Прово́рнов (и́мя)
bird - пти́ца
bite - куса́ть
black - чёрный
blank - пуста́я (графа́ и́ли по́ле вво́да слов)
blue - си́ний
Bob, Bobby - Боб, Бо́бик (и́мя)
book - кни́га
bookcase - кни́жный шкаф
bother - беспоко́ить, донима́ть
box - я́щик, коро́бка
boy - ма́льчик
boyfriend - друг
brake - то́рмоз, тормози́ть
bread - хлеб
break - переры́в; прерыва́ть, лома́ть
breakfast - за́втрак
bridge - мост
bring - привози́ть; приноси́ть
brisk - прово́рный
brother - брат
bus - авто́бус
but - но; кро́ме
butter - ма́сло; нама́зывать ма́слом
button - кно́пка; пу́говица; застёгивать
buy - покупа́ть
by - на (тра́нспорте)
by the way - кста́ти, ме́жду про́чим
bye - Пока́! (проща́ясь)
cable - про́вод, ка́бель
café - кафе́

call - звать; звони́ть по телефо́ну; телефо́нный звоно́к; посеща́ть; посеще́ние
call centre - переговорный пункт
called - позвони́л
calling - де́лать звоно́к; звоня́щий
came - пришёл
can - уме́ть, мочь
cannot - не уме́ть, не мочь
captain - капита́н
car - легково́й автомоби́ль
care - забо́титься, забо́та
careful - забо́тливый; осторо́жный
carefully - внима́тельно, аккура́тно
Carol - Кэ́рол (и́мя)
carry - нести́, везти́
cash - нали́чные де́ньги
cash register - ка́сса
cashier - касси́р
cat - ко́шка, кот
catch - лови́ть, хвата́ть
catch on - зацепи́ть(ся)
CD - компа́кт-диск
CD player - прои́грыватель ди́сков
central - центра́льный
centre - центр
ceremony - церемо́ния
chair - стул
chance - шанс, удо́бный слу́чай; случа́йность
change - меня́ть, измене́ние
check - проверя́ть
chemical - хими́ческий; хими́ческое вещество́
chemistry - хи́мия
child - ребёнок
children - де́ти
choose - выбира́ть
chose - вы́брал
city - кру́пный го́род
class - класс
classroom - кла́ссная ко́мната
clean - чи́стый; чи́стить
cleaned - почи́стил; почи́щенный
cleaning - очища́я, чи́стка, чи́стящий
clever - у́мный
close - бли́зко; закрыва́ть
closed - закры́л; закры́тый

closer - бли́же
club - клуб
coffee - ко́фе
cold - холо́дный, хо́лод; просту́да
colleague - колле́га
university - университе́т
come - приходи́ть, идти́ (приближа́ться)
company - компа́ния
competition - ко́нкурс, соревнова́ние
compose - составля́ть
composition - сочине́ние, компози́ция
computer - компью́тер
confused - сконфу́женный
constant - постоя́нный
consult - сове́товать, консульти́ровать
consultancy - консульта́ция
consultant - консульта́нт
continue - продолжа́ть
continued - продо́лжил, продо́лженный
control - контро́ль
cooker - кухо́нная плита́
cooking - гото́вка еды́; готовя́щий
cool - здо́рово; прохла́дный
co-ordination - координа́ция
correct - пра́вильный; исправля́ть
correctly - пра́вильно, ве́рно
cost - сто́ить; сто́имость
could - мог
country - страна́; се́льская ме́стность
course - курс
creative - тво́рческий
cried - кри́кнул
criminal - кримина́льный
cry - крича́ть; пла́кать
crystal - криста́лл
cup - ча́шка
current - ток; тече́ние
customer - клие́нт
dad - па́па
daddy - па́почка
daily - ежедне́вно (-ый)
damn - прокля́тье
dance - танцева́ть
danced - танцева́л
dancing - танцу́я
Mikhail - Михаи́л (и́мя)
Mikhail Krepky - Михаи́л Кре́пкий (и́мя)
dark - тёмный

date - да́та; свида́ние
daughter - дочь
day - день
deadly - смерте́льный
dear - дорого́й
desk - пи́сьменный стол
destroy - разруша́ть
develop - развива́ть
did - де́лал
die - умира́ть
died - у́мер
different - разли́чный
difficult - тру́дный
dirty - гря́зный
do - де́лать
doctor - врач
dog - соба́ка, пёс
doll - ку́кла
door - дверь
dorms - общежи́тие
down - вниз
dream - мечта́, мечта́ть; сон, ви́деть сон
dress - пла́тье, оде́жда; одева́ть
drink - пить; напи́ток
drive - води́ть (автомоби́ль и т.п.)
driver - води́тель
driving license - води́тельские права́
drove - вёл (авто́)
dry - суши́ть, сухо́й
during - во вре́мя
DVD - (цифрово́й) видеоди́ск
each other - друг дру́га
ear - у́хо
earn - зараба́тывать, получа́ть при́быль
earth - земля́
eat - есть, ку́шать
eating - еда́ (тра́пеза)
editor - реда́ктор
education - образова́ние
eight - во́семь
eighth - восьмо́й
either - то́же (в отри́ц. предложе́ниях);
любо́й из двух
elder - ста́рший
electrical - электри́ческий
eleven - оди́ннадцать
else - ещё (в вопр. и отриц. предл.)
e-mail - электро́нная по́чта

employer - работода́тель
empty - пусто́й
energy - эне́ргия
engine - дви́гатель
engineer - инжене́р
English - англи́йский язы́к, англи́йский
enjoy - получа́ть удово́льствие
especially - осо́бенно
estimate - оце́нивать
estimated - оцени́л
etc. - и так да́лее
Eurasia - Евра́зия
evening - ве́чер
every - ка́ждый
everything - всё
example - приме́р
excuse - извиня́ть
experience - о́пыт
explain - объясня́ть
Express Bank - Экспре́сс Банк
eye - глаз
face - лицо́
fall - па́дать, паде́ние
family - семья́
family status - семе́йное положе́ние
far - далеко́
farm - фе́рма
farmer - фе́рмер
fasten - пристёгивать
favorite - люби́мый
feed - корми́ть
feeling - чу́вство; чу́вствуя
fell - упа́л
female - же́нский, же́нщина
few - ма́ло
field - по́ле; графа́
fifteen - пятна́дцать
fifth - пя́тый
fill up - наполня́ть, заполня́ть
film - фильм; фотоплёнка
finance - фина́нсы
find - находи́ть
fine - изя́щный, прекра́сный
finish - оконча́ние; зака́нчивать
finished - зако́нчил, око́нченный
fire - уво́лить; ого́нь
firm - фи́рма; кре́пкий
first - пе́рвый

five - пять
flew away - улете́л
FLEX - ФЛЕКС (аббревиату́ра, см. FAQ главы́ 29)
float - плыть (о су́дне)
floating - плыву́щий
floor - пол (в зда́нии)
flow - тече́ние; течь
flower - цвето́к
fluently - свобо́дно (о языке́); легко́, пла́вно
fly - лета́ть; му́ха
food - еда́
foot - ступня́; on foot - пешко́м
for - для, на, к, на протяже́нии
for example - наприме́р
Ford - Форд (ма́рка маши́ны)
forget - забы́ть
forgot - забы́л
forgotten - забы́тый (3-я фо́рма глаго́ла forget)
form - фо́рма, анке́та
forty-four - со́рок четы́ре
found - нашёл
four - четы́ре
fourth - четвёртый
fox - лиса́
frank - и́скренний
Nikolai - Никола́й (и́мя)
Nikolai Strogoff - Никола́й Стро́гов (и́мя)
free - свобо́дный; беспла́тно; беспла́тный
freeze - замере́ть; засты́ть; замерза́ть
friend - друг
friendly - дружелю́бный
from - из, с, от
front - пере́дний, лицева́я сторона́
full - по́лный
fun - ра́дость, удово́льствие
funny - заба́вный
furniture - ме́бель
further - да́льше
future - бу́дущий, бу́дущее
garden - сад
gas - газ; бензи́н
gave - дал
Nikolay - Никола́й (и́мя)
German - неме́цкий
get - получи́ть; добра́ться

get off - сходи́ть с тра́нспорта
get up - встава́ть, поднима́ться
getting - станови́ться
gift - одарённость; пода́рок
girl - де́вочка, де́вушка
girlfriend - подру́га
give - дать, дава́ть
glad - рад
glass - стекло́; стака́н
go - идти́ (удаля́ться); е́хать
gone - 3-я фо́рма глаго́ла go
good - хоро́ший
goodbye - до свида́ния
got - проше́дшее от get
gray-headed - седовла́сый
great - великоле́пный; вели́кий
green - зелёный
grey - се́рый
guest - гость
gun - ору́жие
guy - па́рень
had - име́л
hair - во́лосы (всегда́ в ед. ч.)
half - полови́на
hand - рука́; вруча́ть, дава́ть, передава́ть
handcuffs - нару́чники
handset - телефо́нная тру́бка; ДУ
happen - происходи́ть
happened - произошло́
happiness - сча́стье
happy - счастли́вый
hard - тяжёлый, тру́дный; твёрдый
has - име́ет
hat - шля́па
hate - ненави́деть
have - име́ть
he - он
head - голова́; глава́; направля́ться
health - здоро́вье
heard - слы́шал
hello - здра́вствуйте, приве́т
help - по́мощь; помога́ть
helper - помо́щник
her - её (чей?)
here - здесь, сюда́, вот
hey! - эй!
hi - приве́т
hid - (с)пря́тался

hide - пря́тать(-ся)
hiding - пря́тки, пря́чущийся
high - высо́кий, высоко́
him - его́, ему́, им (ко́свенный паде́ж)
his - его́ (чей?)
hit - бить, уда́рить
home - дом
homework - дома́шняя рабо́та
hope - наде́жда, наде́яться
host - хозя́ин, принима́ющий госте́й
hotel - гости́ница
hour - час
hourly - ежеча́сно (-ый)
house - дом
how - как
howling - завыва́я, вой
hryvnia - гри́вня
human - челове́к, челове́ческий
hundred - сто
hungry - голо́дный
I - я
ice-cream - моро́женое
idea - иде́я
if - е́сли
immediately - неме́дленно
important - ва́жный
in - че́рез (о вре́мени); в
in front of - пе́ред (в простра́нстве)
incorrectly - непра́вильно, неве́рно
individually - индивидуа́льно
inform - сообща́ть
information - информа́ция
informed - сообщи́л, проинформи́рованный
inside - внутри́, внутрь
instead - вме́сто
interesting - интере́сный
Internet site - страни́ца Интерне́та
into - вовну́трь
is - есть, находи́ться (глаго́л to be)
it - оно́ (используется для обозначе́ния всех предме́тов кро́ме люде́й)
its - его́ (на вопро́с чей? с неоду́ш. предме́том)
jacket - ку́ртка
jar - ба́нка
job - рабо́та, до́лжность
John - Джон (и́мя)

join - присоединя́ться
Pasha - Па́ша
Pasha's - Па́ши (чей?)
journalist - журнали́ст
jump - пры́гать; прыжо́к
just - то́лько; про́сто; лишь
kangaroo - кенгуру́
Kasper Ка́спер (и́мя)
kettle - ча́йник
key - ключ
keyboard - клавиату́ра
Kiev - Ки́ев
killed - уби́л, уби́тый
killer - уби́йца
killer whale - кит-уби́йца, каса́тка
kilometer - киломе́тр
kind - тип, вид, разнови́дность; до́брый
kindergarten - детса́д
kiss - целова́ть, поцелу́й
kitchen - ку́хня
kite - возду́шный змей; ко́ршун
kitten - котёнок
knew - знал
know - знать
lake - о́зеро
land - земля́, приземля́ться
language - язы́к (разгово́рный)
laser - ла́зер
last - после́дний, про́шлый; дли́ться, продолжа́ться
laugh - смея́ться
leader - ли́дер
learn - учи́ть(ся); познава́ть
learned - узна́л; учи́л
learning - обуче́ние
leave - покида́ть, оставля́ть; разреше́ние
left - вле́во, ле́вый
leg - нога́
less - ме́ньше, ме́нее
lesson - уро́к
let - позволя́ть, пуска́ть
let us, let's - дава́й, дава́йте
letter - письмо́; бу́ква
lie - лежа́ть; лгать, ложь
life - жизнь
lift - лифт; поднима́ть
like - нра́виться, люби́ть
limit - ограниче́ние, ограни́чивать

Liuba - Лю́ба (и́мя)
lion - лев
list - спи́сок; вноси́ть в спи́сок
listen - слу́шать
little - ма́ленький
live - жить
lived - жил
load - грузи́ть
loader - гру́зчик
loading - погру́зочный
long - дли́нный
look - смотре́ть; вид
looked - посмотре́л
loose - теря́ть
lot - мно́го
love - любо́вь, люби́ть
loved - люби́л
machine - маши́на
madam - мада́м
made - 2-я и 3-я фо́рма глаго́ла make - де́лать
magazine - журна́л
make - де́лать
male - мужско́й, мужчи́на
man - мужчи́на
man's - мужчи́ны (чей?)
manage - суме́ть; управля́ть, руководи́ть
manual work - физи́ческая рабо́та
many - мно́го
map - ка́рта
matter - де́ло; предме́т
mattress - матра́с
may - возмо́жно; мо́жно
me - меня́, мне, мной (ко́свенный паде́ж)
mean - зна́чить
meanwhile - тем вре́менем
medical - медици́нский
meet - встреча́ть, встреча́ться
member - уча́стник, член
men - мужчи́ны
mental - у́мственный
mentally - у́мственно
met - встре́тил
metal - мета́лл, металли́ческий
meter - метр
method - ме́тод
microphone - микрофо́н, сокращ. mic
middle - сре́дний

middle name - о́тчество
mind - возража́ть (в отриц. и вопр. предл.)
mine - мой
minute - мину́та
miss - мисс (незаму́жняя же́нщина); не хвата́ть (кого́-л., чего́-л.), скуча́ть (по ком-л.)
mobile - моби́льный
mom - ма́ма
moment - моме́нт
Monday - понеде́льник
money - де́ньги
monkey - обезья́на
monotonous - моното́нный
month - ме́сяц
more - бо́лее; бо́льше
morning - у́тро
mosquito - кома́р
most - са́мый
mother - мать, ма́ма
mother's - ма́мин (чей?)
moved - дви́гался, подви́нутый
Mr. - господи́н
much - мно́го (для неисчисля́емых предме́тов)
music - му́зыка
must - выража́ет необходи́мость
my - мой, моя́, моё
mystery - зага́дка
name - и́мя, назва́ние; называ́ть
nationality - национа́льность
native - родно́й; уроже́нец
nature - приро́да
near - во́зле, ря́дом
nearby - ря́дом, побли́зости, ближа́йший
nearest - ближа́йший
need - на́до, ну́жно; нужда́ться; нужда́
neighbour - сосе́д
never - никогда́
new - но́вый
newspaper - газе́та
next - ближа́йший; сле́дующий
nice - ми́лый, краси́вый, хоро́ший
night - ночь
nine - де́вять
ninth - девя́тый
no - нет

nobody - никто́
nose - нос
not - не
notebook - блокно́т, тетра́дь
nothing - ничего́
now - сейча́с, тепе́рь
number - но́мер; нумерова́ть
o'clock - вре́мя на часа́х
of - пока́зывает принадле́жность
of course - коне́чно
office - о́фис
officer - слу́жащий; офице́р; сотру́дник
often - ча́сто
Oh! - О! (восклица́ние)
oil - нефть, ма́сло
OK - всё в поря́дке, хорошо́
okay - хорошо́, ла́дно, согла́сен
old - ста́рый
olympic - олимпи́йский
on - на
once - оди́н раз, одна́жды
one - оди́н
one by one - оди́н за други́м
ones - см. FAQ гла́вы 28
only - то́лько; еди́нственный
open - открыва́ть
opened - откры́л, откры́тый
or - и́ли
order - прика́зывать; зака́зывать; зака́з; прика́з
other - друго́й
our - наш
out - нару́жу, на у́лицу
out of - из, нару́жу
out of order - неиспра́вен
outdoors - на у́лице
outside - нару́жу, снару́жи (на у́лице)
over - над, че́рез; сверх, свы́ше
own - со́бственный
owner - владе́лец
P07, P11 - номера́ патру́льных маши́н
paid - плати́л, опла́ченный
pail - ведро́
pale - бле́дный
panic - паникова́ть, па́ника
paper - бума́га
parachute - парашю́т
parachutist - парашюти́ст

parent - роди́тель
park - парк
part - часть; дета́ль
pass - проходи́ть; сдава́ть экза́мен
passed - прошёл, проше́дший
past - по́сле; ми́мо; про́шлое
patrol - патру́ль
pay - плати́ть
pen - авторучка
people - лю́ди
per - в, за
per hour - в час, за час
person - челове́к, персо́на, ли́чность
personal - ли́чный
personnel department - отде́л ка́дров
pet - дома́шн. живо́тное
pharmacy - апте́ка
phone - телефо́н, звони́ть
photograph - фотографи́ровать, фотогра́фия
photographer - фото́граф
phrase - фра́за
picture - карти́на, фотогра́фия
pill - табле́тка
pilot - пило́т
pitching - кача́ясь
place - ме́сто; помеща́ть
plan - план, плани́ровать
planet - плане́та
plate - таре́лка
play - игра́ть
playing - игра́; игра́я
please - пожа́луйста; ра́довать
pocket - карма́н
pointed - напра́вил, напра́вленный
police - мили́ция
policeman - милиционе́р
pollute - загрязня́ть
poor - бе́дный, несча́стный
possibility - возмо́жность
possible - возмо́жный
pour - сы́пать, лить
prepare - пригото́вить(ся)
press - дави́ть, нажа́ть
pretend - притворя́ться, симули́ровать
price - цена́
problem - пробле́ма
produce - производи́ть

profession - профе́ссия
program - програ́мма
programmer - программи́ст
protect - защища́ть
publishing - изда́тельство
pull - тащи́ть, тяну́ть
puppy - щено́к
pursuit - пого́ня
push - толка́ть
pussycat - ко́шечка
put - класть, ста́вить, помеща́ть
questionnaire - анке́та
queue - о́чередь
quick - бы́стрый
quickly - бы́стро
quietly - ти́хо, потихо́ньку, споко́йно
quite - дово́льно таки́
radar - рада́р
radio - ра́дио
railway - желе́зная доро́га
rain - дождь; дожди́ть
ran away - убежа́л
rang - звони́л
rapid - бы́стрый
rat - кры́са
read - чита́ть
reading - чте́ние, чита́ющий
ready - гото́вый
real - настоя́щий, реа́льный
really - действи́тельно, на са́мом де́ле
reason - причи́на, по́вод
recommend - рекомендова́ть
recommendation - рекоменда́ция
recommended - рекомендова́л, рекомендо́ванный
record - за́пись, запи́сывать
red - кра́сный
refuse отка́зывать(-ся), не соглаша́ться
rehabilitate - восстана́вливать
rehabilitation - восстановле́ние
remain - остава́ться (в оста́тке)
remembered - вспо́мнил
report - сообща́ть
reporter - репортёр
rescue - спаса́ть
rescue service - спаса́тельная слу́жба
ricochet - рикоше́т

ride - е́здить верхо́м на ло́шади, велосипе́де, метле́ и т.п.
right - пра́вый, впра́во
ring - звони́ть, звоно́к; кольцо́
road - доро́га
robber - граби́тель
robbery - ограбле́ние
roof - кры́ша
room - ко́мната
round - вокру́г, кру́глый
rub - тере́ть(-ся)
rubber - рези́на
rubric - ру́брика
rule - пра́вило; управля́ть
run - бежа́ть; бег
running - бегу́щий; бег
rushed - пронёсся
Russia - Росси́я
Russian - россия́нин(-ка), росси́йский
sad - гру́стный
safe - сейф; безопа́сный
said - сказа́л, ска́занный
same - тот же са́мый
sand - песо́к
sandwich - бутербро́д
Saturday - суббо́та
save - спаса́ть; сохраня́ть; эконо́мить
saw - ви́дел
say - сказа́ть
school - шко́ла
sea - мо́ре
seashore - бе́рег мо́ря
season - сезо́н
seat - сиде́нье, ме́сто для сиде́ния
seat belts - ремни́ безопа́сности
second - второ́й
secret - секре́т
secretary - секрета́рь
secretly - тайко́м
see - ви́деть
seed - семена́, се́ять
seldom - ре́дко
sell - продава́ть
sent - посла́л, по́сланный
sergeant - сержа́нт
serial - сериа́л
seriously - серьёзно
servant - слуга́

serve - обслу́живать
service - се́рвис, услу́га; обслу́живать
set free - освобожда́ть
seven - семь
seventeen - семна́дцать
seventh - седьмо́й
sex - пол
shake - трясти́(сь)
shall - бу́ду, бу́дем (глаго́л бу́дущего вре́мени для I и we)
sharp - чёткий; о́стрый
she - она́
sheet - лист; простыня́
ship - кора́бль
shook - тря́с(-ся)
shop - магази́н
shop assistant - продаве́ц магази́на
shopping center - торго́вый центр
shore - бе́рег
short - коро́ткий
shot - вы́стрелил, подстрели́л, вы́стрел
show - пока́зывать; пока́з, шо́у
showed - показа́л
silent - молчали́вый, молча́щий
silently - мо́лча, в молча́нии
silly - глу́пый
simple - просто́й
since - с (како́го-то моме́нта в про́шлом), так как
sincerely - и́скренне
sing - петь
singer - певе́ц, певи́ца
single - одино́кий; оди́н
siren - сире́на
sister - сестра́
sit - сиде́ть
sit down - сади́ться
situation - ситуа́ция
six - шесть
sixth - шесто́й
sixty - шестьдеся́т
skill - уме́ние, на́вык
sleep - спать
sleeping - сон; спя́щий
slightly - слегка́
slim - стро́йный
slowly - ме́дленно
sly - хи́трый

slyly - хи́тро
small - ма́ленький
smart - сообрази́тельный, нахо́дчивый
smile - улы́бка, улыба́ться
smiled - улыбну́лся
snack - лёгкая еда́
snow - снег
so - так; поэ́тому
some - не́сколько, немно́го
somebody - кто-нибу́дь, кто-то
something - что-то; кое-что
sometimes - иногда́
son - сын
soon - вско́ре, ско́ро
sorry - сожале́ющий
space - ко́смос
spaceship - косми́ческий кора́бль
spaniel - спание́ль
speak - говори́ть, разгова́ривать
speech - речь
speed - ско́рость
speeder - наруши́тель
speeding - превыше́ние ско́рости
spend - проводи́ть (вре́мя); тра́тить
sport - спорт
spread - распространя́ться
square - пло́щадь; квадра́т
stairs - ле́стница
stand - стоя́ть
standard - станда́ртный
star - звезда́
start - начина́ть
started - завёл; пое́хал
station - ста́нция
status - положе́ние
steal - красть
steer - управля́ть рулём
step - шаг, ступа́ть
stepped - нажа́л ного́й
stepping - нажима́я ного́й
still - всё равно́, всё ещё
stinking - воню́чий, злово́нный
stolen - укра́денный
stone - ка́мень
stop - остана́вливать(ся)
stopped - останови́л, остано́вленный
story - исто́рия
strange - чужо́й, незнако́мый; стра́нный

street - у́лица
strength - си́ла
strict - стро́гий
strong - си́льный
strongly - си́льно
student - студе́нт
study - учи́ть(-ся), изуче́ние
stuff - э́то (собира́тельный о́браз)
stuffed - наби́тый внутри́ (наприме́р ва́той)
stuffed parachutist - чу́чело парашюти́ста
suddenly - неожи́данно
suitable - подходя́щий
Sunday - воскресе́нье
sunflower - подсо́лнух
supermarket - суперма́ркет
sure - уве́ренный
surprise - удивле́ние, удивля́ть
Sveta - Све́та (и́мя)
swallow - проглоти́ть, глото́к
swim - пла́вать (о челове́ке)
switched on - включи́л
table - стол; табли́ца
tail - хвост
take - брать, взять
take part - брать уча́стие
taken - 3-я фо́рма глаго́ла take
talk - разгова́ривать
tanker - та́нкер
tap - кран; посту́кивать
task - зада́ча
tasty - вку́сный
taxi - такси́
tea - чай
teach - преподава́ть
teacher - учи́тель, преподава́тель
team - кома́нда, коллекти́в
telephone - телефо́н; звони́ть по тел.
television - телеви́дение
ten - де́сять
tenth - деся́тый
test - тест, контро́льная; тести́ровать
text - текст
textbook - уче́бник
than - чем
thank - благодари́ть
that - что (сою́з); тот
the - опр. арт., не перево́дится

their - их
them - их, им, и́ми (ко́свенный паде́ж)
then - пото́м, по́сле э́того; тогда́
there - там; туда́
these - э́ти
they - они́
thief - вор
thieves - во́ры
thing - вещь, предме́т
think - ду́мать, полага́ть
thinking - ду́мая
third - тре́тий
thirty - три́дцать
this - э́тот, э́та, э́то
those - те
thought-recording- запи́сывающий мы́сли
thousand - ты́сяча
three - три
through - че́рез, сквозь; посре́дством
ticket - биле́т
tiger - тигр
time - вре́мя; раз
tired - уста́вший
to - к, в, на
today - сего́дня
together - вме́сте
toilet - туале́т
tomorrow - за́втра
too - то́же (в конце́ предложе́ний); сли́шком (пе́ред прилаг. и наре́ч.)
took - взял
top - вы́сший; верх
total - абсолю́тный
tough - кре́пкий, жёсткий; упря́мый
town - небольшо́й городо́к
toy - игру́шка
train - по́езд; тренирова́ть
translator - перево́дчик
transport - тра́нспорт; тра́нспортный; транспорти́ровать
travel - разъезжа́ть
trick - трюк, приём
tried - пыта́лся
trousers - брю́ки
truck - грузови́к
try - про́бовать, пыта́ться
turn - повора́чивать(-ся)
turn off - выключа́ть

turn on - включа́ть
turned - поверну́л(-ся)
turning - враща́ющийся, враще́ние
TV-set - телеви́зор
twelve - двена́дцать
twenty - два́дцать
twenty-five - два́дцать пять
twenty-one - два́дцать оди́н
twice - два́жды
two - два
Ukraine - Украи́на
Ukrainian - украи́нец, украи́нский
unconscious - без созна́ния, нево́льно
under - под, ни́же
underline - подчёркивать
understand - понима́ть
understood - по́нял
unfair - несправедли́вый
United States, USA - США
unload - разгружа́ть
until - до (како́го-ли́бо моме́нта)
us - нам, нас, на́ми (ко́свенный паде́ж)
USA - США (всегда́ с the)
use - испо́льзовать
used - испо́льзовал, испо́льзованный
usual - обы́чный
usually - обы́чно
very - о́чень; тот са́мый
vet - ветерина́р
videocassette - видеокассе́та
video-shop - видеомагази́н
village - дере́вня
visited - посети́л, посещённый
visitor - посети́тель
voice - го́лос
wait - ждать
waited - ждал
walk - идти́ пешко́м, прогу́ливаться
walking - прогу́лка
want - хоте́ть, жела́ть
wanted - хоте́л
war - война́
warm - тёплый; нагрева́ть
was - был, была́, бы́ло
wash - умыва́ть(-ся), мыть(-ся)
washer - стира́льная маши́на
washing - мо́йка; мо́ечный

watch - часы́ (нару́чные); смотре́ть фильм, футбо́л, шо́у и т.п.
water - вода́, полива́ть
wave - волна́
way - путь, направле́ние; спо́соб
we - мы
weather - пого́да
week - неде́ля
Kolobokov - Колобо́ков (фами́лия)
well - хорошо́
went - пошёл, пое́хал
were - бы́ли
wet - мо́крый, вла́жный
whale - кит
what - како́й; что
wheel - колесо́
when - когда́
where - где
which - кото́рый
while - в то вре́мя как; во вре́мя
white - бе́лый
who - кто; кото́рый
whose - чей
why - почему́, заче́м
wide - широ́кий; широко́
will - бу́ду, бу́дем, бу́дешь, бу́дете, бу́дет, бу́дут
wind - ве́тер
window - окно́
with - с
without - без
woman - же́нщина

woman's - же́нщины (чей?)
wonder - удивля́ться; любопы́тствовать; чу́до
wonderful - удиви́тельный, чуде́сный
word - сло́во
work - рабо́та; рабо́тать
worked - рабо́тал
worker - рабо́чий
working - рабо́та, рабо́тающий, рабо́тая
world - мир
worry - беспоко́иться, волнова́ться
would - бы (усло́вное накл.); проше́дшая фо́рма глаго́ла will
write - писа́ть
writer - писа́тель
writing work - писа́тельская рабо́та
written - напи́санный (3-я фо́рма)
wrote - писа́л
yard - двор
yeah! - да (в разгово́ре)
year - год
yellow - жёлтый
yes - да
yesterday - вчера́
yet - ещё (в отриц. и вопр. предл.)
you - ты, Вы, вы
young - молодо́й
your - твой, Ваш, ваш
yours - твой, Ваш, ваш
zebra - зе́бра
zoo - зоопа́рк

📘 Приложе́ния Appendixes

Вы́вески и объявле́ния
Signs and notices

АПТЕ́КА - CHEMIST' S

БЕРЕГИ́СЬ АВТОМОБИ́ЛЯ! - BEWARE OF CARS!

БИЛЕ́ТНАЯ КА́ССА - BOOKING OFFICE

ВКЛЮ́ЧЕНО - ON

ВНИМА́НИЕ! - ATTENTION!

ВТОРО́Й ЭТА́Ж - FIRST FLOOR

ВХОД - ENTRANCE

ВХОД БЕСПЛА́ТНЫЙ - ADMISSION FREE

ВХОД ЗАПРЕЩЁН - NO ADMISSION

ВХОД ПЛА́ТНЫЙ - ADMISSION BY TICKET ONLY

ВЫ́КЛЮЧЕНО - OFF

ВЫ́ХОД - EXIT

ГОСТИ́НИЦА - HOTEL

ДЛЯ ЖЕ́НЩИН - WOMEN

ДЛЯ МУЖЧИ́Н - MEN

ЗАБРОНИ́РОВАНО - RESERVED

ЗАКРЫ́ТО - CLOSED

ЗА́НЯТО - TAKEN

ЗАПАСНО́Й ВЫ́ХОД - EMERGENCY EXIT

ИДИ́ТЕ! - WALK!

ИМЕ́ЕТСЯ В ПРОДА́ЖЕ - ON SALE

К СЕБЕ́ - PULL

КА́ССЫ-АВТОМА́ТЫ - TICKET-MACHINES

КИНОТЕА́ТР - CINEMA

КУПА́ТЬСЯ ЗАПРЕЩЕНО́ - NO SWIMMING

МЕДПУ́НКТ - FIRST AID POST

МЕ́СТО ДЛЯ КУРЕ́НИЯ - SMOKING SECTION

НЕ КУРИ́ТЬ - NO SMOKING

ОБЪЕ́ЗД - DETOUR

ОПА́СНОСТЬ! - DANGER!

ОСТАНО́ВКА АВТО́БУСА - BUS STOP

ОСТОРО́ЖНО! - CAUTION!

ОСТОРО́ЖНО! ЗЛА́Я СОБА́КА! - BEWARE OF THE DOG!

ОТ СЕБЯ́ - PUSH

ОТКРЫ́ТО - OPEN

ПАРИКМА́ХЕРСКАЯ - BARBER'S SHOP, HAIRDRESSER'S

ПЕ́РВЫЙ ЭТА́Ж - GROUND FLOOR

ПО ГАЗО́НАМ НЕ ХОДИ́ТЬ! - KEEP OFF THE GRASS!

ПО́ЧТА - POST OFFICE

ПРИСТЕГНИ́ТЕ РЕМНИ́! - FASTEN SAFETY BELTS!

ПРОЕ́ЗД ЗАКРЫ́Т - ROAD CLOSED

ПРОХО́Д (ВХОД) ЗАПРЕЩЁН - NO ENTRY

СКО́РАЯ ПО́МОЩЬ - FIRST AID

СЛУЖЕ́БНЫЙ ВХОД - SERVICE ENTRANCE

СПРА́ВОЧНОЕ БЮРО́ - INFORMATION

СТО́ЙТЕ - STOP! DON'T WALK

СТОЯ́НКА - PARKING

СТОЯ́НКА ЗАПРЕЩЕНА́ - NO PARKING

ТЕАТРА́ЛЬНАЯ КА́ССА - BOX OFFICE

ТРАМВА́ЙНАЯ ОСТАНО́ВКА - TRAM STOP

ТРЕ́ТИЙ ЭТА́Ж - SECOND FLOOR

ТУАЛЕ́Т - WC

УНИВЕРСА́ЛЬНЫЙ МАГАЗИ́Н - DEPARTMENT STORE

ФОТОГРАФИ́РОВАТЬ ЗАПРЕЩЕНО́ - NO PHOTOGRAPHING

ЧА́СТНАЯ СО́БСТВЕННОСТЬ - PRIVATE PROPERTY

ЧА́СТНЫЙ ПЛЯЖ - PRIVATE BEACH

ЧАСЫ́ РАБО́ТЫ: С...ПО... - HOURS: ...TO...

Appendix 1 Cases of singular nouns and adjectives

Masculine

Case / Questions

Имени́тельный/Nominative / Кто? Что? / Э́тот **челове́к** хоро́ший. *This man is good.*

Роди́тельный/Genitive / Кого́? Чего́? Чей? / Вот па́спорт э́того хоро́шего **челове́ка**. *Here is the passport of this good man.*

Да́тельный/Dative / Кому́? Чему́? / Да́йте воды́ э́тому хоро́шему **челове́ку**. *Give some water to this good man.*

Вини́тельный/Accusative / Кого́? Что? / Я зна́ю э́того хоро́шего **челове́ка**. *I know this good man.*

Твори́тельный/Instrumental / (С) кем? (С) чем? / Я знако́м с э́тим хоро́шим **челове́ком**. *I am acquainted with this good man.*

Предло́жный/Prepositional / О ком? О чём? / Я слы́шал об э́том хоро́шем **челове́ке**. *I have heard about this good man.*

Feminine

Case / Questions

Имени́тельный/Nominative / Кто? Что? / Э́та **же́нщина** хоро́шая. *This woman is good.*

Роди́тельный/Genitive / Кого́? Чего́? Чей? / Вот па́спорт э́той хоро́шей **же́нщины**. *Here is the passport of this good woman.*

Да́тельный/Dative / Кому́? Чему́? / Да́йте воды́ э́той хоро́шей **же́нщине**. *Give some water to this good woman.*

Вини́тельный/Accusative / Кого́? Что? / Я зна́ю э́ту хоро́шую **же́нщину**. *I know this good woman.*

Твори́тельный/Instrumental / (С) кем? (С) чем? / Я знако́м с э́той хоро́шей **же́нщиной**. *I am acquainted with this good woman.*

Предло́жный/Prepositional / О ком? О чём? / Я слы́шал об э́той хоро́шей **же́нщине**. *I have heard about this good woman.*

Neuter

Case / Questions

Имени́тельный/Nominative / Кто? Что? / Э́то **письмо́** ва́жное. *This letter is important.*

Роди́тельный/Genitive / Кого́? Чего́? Чей? / Вот а́дрес э́того ва́жного **письма́**. *Here is the address of this important letter.*

Да́тельный/Dative / Кому́? Чему́? / Удели́те внима́ние э́тому ва́жному **письму́**. *Pay attention to this important letter.*

Вини́тельный/Accusative / Кого́? Что? / Я прочита́л э́то ва́жное **письмо́**. *I have read this important letter.*

Твори́тельный/Instrumental / (С) кем? (С) чем? / Я знако́м с э́тим ва́жным **письмо́м**. *I am acquainted with this important letter.*

Предло́жный/Prepositional / О ком? О чём? / Я зна́ю об э́том ва́жном **письме́**. *I know about this important letter.*

Appendix 2 Demonstrative pronoun э́тот – this

Gender: Masculine / Feminine / Neuter / Plural

Nominative Case: Э́тот / Э́та / Э́то / Э́ти

Accusative Case *animate:* Э́того / Э́ту / Э́то / Э́тих

Accusative Case *inanimate:* Э́тот / Э́ту / Э́то / Э́ти

Genitive Case: Э́того / Э́той / Э́того / Э́тих

Dative Case: Э́тому / Э́той / Э́тому / Э́тим

Instrumental Case: Э́тим / Э́той / Э́тим / Э́тими

Prepositional Case: Э́том / Э́той / Э́том / Э́тих

Appendix 3 Cases of plural nouns and adjectives

Masculine

Case / Questions

Имени́тельный/Nominative / Кто? Что? / Э́ти **студе́нты** хоро́шие. *These students are good.*

Роди́тельный/Genitive / Кого́? Чего́? Чей? / Вот паспорта́ э́тих хоро́ших **студе́нтов**. *Here are these good students' passports.*

Да́тельный/Dative / Кому́? Чему́? / Да́йте воды́ э́тим хоро́шим **студе́нтам**. *Give some water to these good students.*

Вини́тельный/Accusative / Кого́? Что? / Я зна́ю э́тих хоро́ших **студе́нтов**. *I know these good students.*

Твори́тельный/Instrumental / (С) кем? (С) чем? / Я знако́м с э́тими хоро́шими **студе́нтами**. *I am acquainted with these good students.*

Предло́жный/Prepositional / О ком? О чём? / Я слы́шал об э́тих хоро́ших **студе́нтах**. *I have heard about these good students.*

Feminine

Case / Questions

Имени́тельный/Nominative / Кто? Что? / Э́ти **же́нщины** хоро́шие. *These women are good.*

Роди́тельный/Genitive / Кого́? Чего́? Чей? / Вот паспорта́ э́тих хоро́ших **же́нщин**. *Here are these good women's passports.*

Да́тельный/Dative / Кому́? Чему́? / Да́йте воды́ э́тим хоро́шим **же́нщинам**. *Give some water to these good women.*

Вини́тельный/Accusative / Кого́? Что? / Я зна́ю э́тих хоро́ших **же́нщин**. *I know these good women.*

Твори́тельный/Instrumental / (С) кем? (С) чем? / Я знако́м с э́тими хоро́шими **же́нщинами**. *I am acquainted with these good women.*

Предло́жный/Prepositional / О ком? О чём? / Я слы́шал об э́тих хоро́ших **же́нщинах**. *I have heard about these good women.*

Neuter

Case / Questions

Имени́тельный/Nominative / Кто? Что? / Э́ти **пи́сьма** ва́жные. *These letters are important.*

Роди́тельный/Genitive / Кого́? Чего́? Чей? / Вот адреса́ э́тих ва́жных **пи́сем**. *Here are addresses of these important letters.*

Да́тельный/Dative / Кому́? Чему́? / Удели́те внима́ние э́тим ва́жным **пи́сьмам**. *Pay attention to these important letters.*

Вини́тельный/Accusative / Кого́? Что? / Я прочита́л э́ти ва́жные **пи́сьма**. *I have read these important letters.*

Твори́тельный/Instrumental / (С) кем? (С) чем? / Я знако́м с э́тими ва́жными **пи́сьмами**. *I am acquainted with these important letters.*

Предло́жный/Prepositional / О ком? О чём? / Я зна́ю об э́тих ва́жных **пи́сьмах**. *I know about these important letters.*

Appendix 4 Demonstrative pronoun тот - that

Gender: Masculine / Feminine / Neuter / Plural

Nominative Case: Тот / Та / То / Те

Accusative Case *animate:* Того́ / Ту / То / Тех

Accusative Case *inanimate:* Тот / Ту / То / Те

Genitive Case: Того́ / Той / Того́ / Тех

Dative Case: Тому́ / Той / Тому́ / Тем

Instrumental Case: Тем / Той / Тем / Те́ми

Prepositional Case: Том / Той / Том / Тех

Appendix 5 Past Tense

The Past Tense in Russian is really quite easy to form. Using the past tense will allow you to tell stories in Russian, which is useful for explaining a little about yourself to people you meet.

In English there are quite a number of different past tenses, but in Russian there is simply one. Instead Russian uses the concept of aspects to indicate whether an action is completed or not.

In the past tense you have to look at the gender of the subject. You need to take the stem of the verb and add one of the following endings:

Masculine: -л : рабо́тал *(worked)* Я рабо́тал вчера́. *I worked yesterday*

Feminine: -ла : рабо́тала *(worked)* Она́ рабо́тала в пя́тницу. *She worked on Friday.*

Neuter: -ло : рабо́тало *(worked)* Кафе́ не рабо́тало на выходны́х. *Café didn't work on weekend.*

Plural: -ли : рабо́тали *(worked).* Мы рабо́тали в Росси́и в про́шлом году́. *We worked in Russia last year.*

Notice: The verb endings match with the different forms of the pronoun он *(he)*. This should help you remember how to form the verbs. When using pronouns such as я *(I)*, ты *(you)*, and Вы *(you)* it will depend on the gender of the actual person concerned:

Он говори́л *(he said)*

Она́ говори́ла *(she said)*

Оно́ говори́ло *(it said)*

Они́ говори́ли *(he said)*

Мы говори́ли *(we said)*

Я говори́л *(I said)* - a male speaking

Я говори́ла *(I said)* - a female speaking

Ты говори́л *(you said)* - speaking to a male

Ты говори́ла *(you said)* - speaking to a female

Евге́ний говори́л *(Yevgeny said)*

Продаве́ц говори́л *(a salesman said)*

А́нна говори́ла *(Ann said)*

Дочь говори́ла *(daughter said)*

Appendix 6 Prefixed Verbs of motion

Imperfective / Perfective

входи́ть / войти́ *to go in, to enter*

выходи́ть / вы́йти *to go out, to leave, to exit*

всходи́ть / взойти́ *to go up, to ascend*

доходи́ть / дойти́ *to get to, to get as far as, to reach*

заходи́ть / зайти́ *to drop in, to stop by*

обходи́ть / обойти́ *to walk around, to bypass*

отходи́ть / отойти́ *to walk away*

переходи́ть / перейти́ *to go across, to turn*

подходи́ть / подойти́ *to approach*

приходи́ть / прийти́ *to arrive, to come*

проходи́ть / пройти́ *to go by, to go past*

сходи́ть / сойти́ *to go down, descend*

уходи́ть / уйти́ *to go from, to leave, depart*

Appendix 7 Conjugated Verbs

Imperfective / Perfective / Translation

Бе́гать / Побежа́ть / *run*

Броди́ть / Побрести́ / *stroll*

Быть / Побы́ть / *be (is, are, will, was)*

Ви́деть / Уви́деть / *see*

Води́ть / Повести́ / *drive, lead*

Вози́ть / Повезти́ / *transport, carry (by vehicle)*

Говори́ть / Сказа́ть / *speak, talk, say*

Гоня́ть / Погна́ть / *drive*

Дава́ть / Дать / *give*

Де́лать / Сде́лать / *do, make*

Ду́мать / Поду́мать / *think*

Е́здить / Пое́хать / *go (by vehicle)*

Есть / Съесть / *eat*

Жить / Прожи́ть / live

Знать / Узна́ть / know

Изуча́ть / Изучи́ть / study

Име́ть / have

Ла́зить / Поле́зть / climb

Лета́ть / Полете́ть / fly

Люби́ть / Полюби́ть / love

Мочь / Смочь / can, able (to be able)

Носи́ть / Понести́ / carry, wear

Пла́вать / Поплы́ть / swim

По́лзать / Поползти́ / crawl

Понима́ть / Поня́ть / understand

Рабо́тать / Порабо́тать / work

Сиде́ть / Посиде́ть / sit

Слу́шать(-ся) / Послу́шать(-ся) / listen (to somebody)

Смотре́ть(-ся) / Посмотре́ть(-ся) / watch, look at

Спра́шивать / Спроси́ть / ask

Станови́ться / Стать / become, begin

Стоя́ть / Постоя́ть / stand

Таска́ть / Потащи́ть / pull, drag

Ходи́ть / Пойти́ / go (on foot)

Хоте́ть(-ся) / Захоте́ть(-ся) / want, feel like

Чита́ть / Прочита́ть / read

Appendix 8 Personal pronouns

Singular

1st person / 2nd person / 3rd person (masc.) / 3rd person (fem.) / 3rd person (neut.)

English: I, Me / You / He, Him / She, Her / It

Nominative Case: Я / Ты / Он / Она́ / Оно́

Accusative Case: Меня́ / Тебя́ / Его́ / Её / Его́

Genitive Case: Меня́ / Тебя́ / Его́ / Её / Его́

Dative Case: Мне / Тебе́ / Ему́ / Ей / Ему́

Instrumental Case: Мной / Тобой / Им / Ей / Им
Prepositional Case: Мне / Тебе́ / Нём / Ней / Нём

Plural

1st person / 2nd person / 3rd person
English: We, Us / You / They, Them
Nominative Case: Мы / Вы / Они́
Accusative Case: Нас / Вас / Их
Genitive Case: Нас / Вас / Их
Dative Case: Нам / Вам / Им
Instrumental Case: На́ми / Ва́ми / И́ми
Prepositional Case: Нас / Вас / Них

Appendix 9 Possessive pronouns

English: My, Mine

1st Person

Masc. / Fem. / Neut. / Plural
Nominative Case: Мой / Моя́ / Моё / Мои́
Accusative Case *animate*: Моего́ / Мою / Моё / Мои́х
Accusative Case *inanimate*: Мой / Мою / Моё / Мои
Genitive Case: Моего́ / Мое́й / Моего́ / Мои́х
Dative Case: Моему́ / Мое́й / Моему́ / Мои́м
Instrumental Case: Мои́м / Мое́й / Мои́м / Мои́ми
Prepositional Case: Моём / Мое́й / Моём / Мои́х

English: Your, Yours

2nd Person

Masc. / Fem. / Neut. / Plural
Nominative Case: Твой / Твоя́ / Твоё / Твои́
Accusative Case *animate*: Твоего́ / Твою́ / Твоё / Твои́х
Accusative Case *inanimate*: Твой / Твою́ / Твоё / Твои́
Genitive Case: Твоего́ / Твое́й / Твоего́ / Твои́х
Dative Case: Твоему́ / Твое́й / Твоему́ / Твои́м
Instrumental Case: Твои́м / Твое́й / Твои́м / Твои́ми

Prepositional Case: Твоём / Твоей / Твоём / Твоих

English: Our

1st Person

Masc. / Fem. / Neut. / Plural

Nominative Case: Наш / На́ша / На́ше / На́ши

Accusative Case *animate*: На́шего / На́шу / На́ше / На́ших

Accusative Case *inanimate*: Наш / На́шу / На́ше / На́ши

Genitive Case: На́шего / На́шей / На́шего / На́ших

Dative Case: На́шему / На́шей / На́шему / На́шим

Instrumental Case: На́шим / На́шей / На́шим / На́шими

Prepositional Case: На́шем / На́шей / На́шем / На́ших

English: Your, Yours

2nd Person

Masc. / Fem. / Neut. / Plural

Nominative Case: Ваш / Ва́ша / Ва́ше / Ва́ши

Accusative Case *animate*: Ва́шего / Ва́шу / Ва́ше / Ва́ших

Accusative Case *inanimate*: Ваш / Ва́шу / Ва́ше / Ва́ши

Genitive Case: Ва́шего / Ва́шей / Ва́шего / Ва́ших

Dative Case: Ва́шему / Ва́шей / Ва́шему / Ва́шим

Instrumental Case: Ва́шим / Ва́шей / Ва́шим / Ва́шими

Prepositional Case: Ва́шем / Ва́шей / Ва́шем / Ва́ших

Appendix 10 The 3rd person possessive pronouns

The 3rd person possessive pronouns (его́ - his, её - her, его́ - its, их - their) take the gender and the quantity of the possessing person/object:

Её кни́га. *Her book.*

Его́ кни́га. *His book.*

Их кни́ги. *Their books.*

Appendix 11 Personal reflexive pronoun себя́ (-self)

English: Myself, himself, herself

Nominative Case: --

Accusative Case: Себя́

Genitive Case: Себя

Dative Case: Себе́

Instrumental Case: Собо́й

Prepositional Case: Себе́

Appendix 12 Reflexive possessive pronoun свой

English: My own, his own, her own

Masc. / Fem. / Neut. / Plural

Nominative Case: Свой / Своя́ / Своё / Свой

Accusative Case *animate*: Своего́ / Свою́ / Своё / Свои́х

Accusative Case *inanimate*: Свой / Свою́ / Своё / Свой

Genitive Case: Своего́ / Свое́й / Своего́ / Свои́х

Dative Case: Своему́ / Свое́й / Своему́ / Свои́м

Instrumental Case: Свои́м / Свое́й / Свои́м / Свои́ми

Prepositional Case: Своём / Свое́й / Своём / Свои́х

Appendix 13 Pronoun сам

English: Myself, himself, herself

Masc. / Fem. / Neut. / Plural

Nominative Case: Сам / Сама́ / Само́ / Са́ми

Accusative Case *animate*: Самого́ / Саму́ / Само́ / Сами́х

Accusative Case *inanimate*: Сам / Саму́ / Само́ / Са́ми

Genitive Case: Самого́ / Само́й / Самого́ / Сами́х

Dative Case: Самому́ / Само́й / Самому́ / Сами́м

Instrumental Case: Сами́м / Само́й / Сами́м / Сами́ми

Prepositional Case: Само́м / Само́й / Само́м / Сами́х

Appendix 14 Pronoun весь

English: All, the whole

Masc. / Fem. / Neut. / Plural

Nominative Case: Весь / Вся / Всё / Все

Accusative Case *animate*: Всего́ / Всю / Всё / Всех

Accusative Case *inanimate*: Весь / Всю / Всё / Все

Genitive Case: Всего́ / Всей / Всего́ / Всех

Dative Case: Всему́ / Всей / Всему́ / Всем
Instrumental Case: Всем / Всей / Всем / Все́ми
Prepositional Case: Всём / Всей / Всём / Всех

Appendix 15 Common adjectives

alive - живо́й
attentive - внима́тельный
bad - плохо́й
beautiful - краси́вый
big - большо́й
boring - ску́чный
bright - я́ркий
cheap - дешёвый
clean - чи́стый
cold - холо́дный
comfortable - удо́бный
dark - тёмный
dear, expensive - дорого́й
dense, thick - густо́й
different - ра́зный
difficult - тру́дный
dirty - гря́зный
dry - сухо́й
easy - лёгкий
empty - пусто́й
far - далёкий
fast - бы́стрый
fat - то́лстый
favorite - люби́мый
first - пе́рвый
frequent - ча́стый
frightening - стра́шный

full - по́лный
good, nice - хоро́ший
great - вели́кий
happy - счастли́вый
hard, firm - твёрдый
heavy - тяжёлый
hot - жа́ркий
huge - огро́мный
important - ва́жный
interesting - интере́сный
kind - до́брый
last - после́дний
loud - гро́мкий
main - гла́вный
necessary - необходи́мый
new - но́вый
old - ста́рый
only, unique - еди́нственный
peaceful - споко́йный
personal - ли́чный
pleasant - прия́тный
powerful - си́льный
prepared, ready - гото́вый
private - ча́стный
rapid, quick - бы́стрый
respected - уважа́емый
sad - гру́стный

sharp - о́стрый
similar, alike - подо́бный
simple - просто́й
slow - ме́дленный
small - ма́ленький
soft - мя́гкий
strange - стра́нный

strict - стро́гий
strong - кре́пкий
sweet - сла́дкий
tall, high - высо́кий
usual - обы́чный
warm - тёплый
young - молодо́й

Recommended books

First Russian Reader for Beginners Volume 1
Bilingual for Speakers of English
Beginner Elementary (A1 A2)

There are simple and funny Russian texts for easy reading. The book consists of Beginner and Elementary courses with parallel Russian-English texts. The author maintains readers' motivation with funny stories about real life situations such as meeting people, studying, job searches, working etc. The method utilizes the natural human ability to remember words used in texts repeatedly and systematically. The author composed each sentence using only words explained in previous chapters. The audio tracks are available inclusive on www.lppbooks.com/Book/Russian-1

First Russian Reader Volume 2
Bilingual for Speakers of English
Elementary (A2)

This book is Volume 2 of First Russian Reader for Beginners. There are simple and funny Russian texts for easy reading. The book consists of Elementary course with parallel Russian-English texts. The audio tracks are available inclusive on www.lppbooks.com/Book/Russian-2

Second Russian Reader
Bilingual for Speakers of English
Elementary Pre-Intermediate (A2 B1)

A private detective is following the girl he is in love with. A former air force pilot, he is discovering some sides in the human nature he can't deal with. New words were incorporated into consequent sentences systematically. The audio tracks are available inclusive on www.lppbooks.com/Book/Russian-4

Learn Russian Language Through Dialogue
Bilingual for Speakers of English
Beginner Elementary (A1 A2)

The textbook gives you many examples on how questions in Russian should be formed. It is easy to see the difference between Russian and English using parallel translation. Common questions and answers used in everyday situations are explained simply enough even for beginners. The audio tracks are available inclusive on www.lppbooks.com/Book/Russian-5

First Russian Medical Reader for Health Professions and Nursing
Bilingual for Speakers of English
Beginner Elementary (A1 A2)

First Russian Medical Reader will give you the words and phrases necessary for helping patients making appointments, informing them of their diagnosis, and their treatment options. Medical specialties range from ENT to dentistry. The method utilizes the natural human ability to remember words used in texts repeatedly and systematically. Supplementary resources include dictionaries, audio tracks, grammar rules and tables, the 1300 important Russian words. The audio tracks are available inclusive on www.lppbooks.com/Book/Russian-13

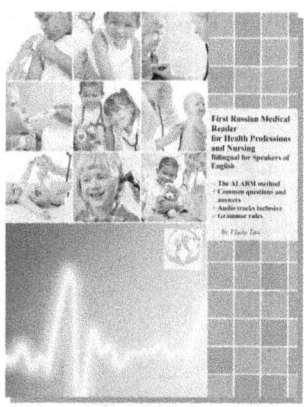

Russian Reader for Cooking
Bilingual for Speakers of English
Beginner Elementary (A1 A2)

When learning a language, familiarity in the subject helps connect one language to another. Recipe directions along with easy questions and answers demonstrate the usage of these words and phrases. Supplementary resources include the Russian/English and English/Russian dictionaries. It might make you hungry or it might help Russian language learners like you improve their understanding in a familiar setting of the kitchen. The audio tracks are available inclusive on www.lppbooks.com/Book/Russian-9

First Russian Reader for Tourists
Bilingual for Speakers of English
Beginner (A1)

If you would like to travel and learn Russian at A1 level, this book is a good choice. Unlike a phrasebook, it is composed with the thought of systematic learning approach. Through method used, a person will be able to enhance his or her ability to remember the words that has been incorporated into consequent sentences. The audio tracks are available inclusive on www.lppbooks.com/Book/Russian-14

First Russian Reader for Business
Bilingual for Speakers of English
Beginner Elementary (A1 A2)

First Russian Reader for Business is a resource that guides conversational bilinguals with the Russian vocabulary, phrases, and questions that are relevant to many situations in the workplace. With 25 chapters on topics from the office to software and supplementary resources including the Russian/English and English/Russian dictionaries, it is the book to help the businessperson take their Russian language knowledge to the professional level. The audio tracks are available inclusive on www.lppbooks.com/Book/Russian-12

First Russian Reader for the Family
Bilingual for Speakers of English
Beginner Elementary A1A2

How do you ask in a clear and precise way about relatives and friends of your friends? How do you answer questions about your family and other beloved ones? Ask and answer questions about situations at home, on your way to school or university, at work, in hospital etc. Through this method, you will be able to enhance your ability to remember the words that has been incorporated into consequent sentences. The audio tracks are available inclusive on www.lppbooks.com/Book/Russian-15

First Russian Reader for Students
Bilingual for Speakers of English
Beginner Elementary (A1 A2)

Each chapter of First Russian Reader for Students is filled with words that are organized by topic, then used in a story in Russian. The quick and easy-to-use format organizes many of everyday situations from knowing your way around the house, studying at university, or going shopping. Readers will be able to enhance his or her ability to remember the words that has been incorporated into consequent sentences from time to time. The audio tracks are available inclusive on www.lppbooks.com/Book/Russian-10

Кто потерял деньги? Who lost the money?
Bilingual for Speakers of English
Beginner and Elementary (A1 A2)

The first part of the book explains with examples the basic sentence structure of Russian language. The Russian and English texts are located parallel for easier understanding. The second part of the book represents a detective story. The method utilizes the natural human ability to remember words used in texts repeatedly and systematically. The list of the most common words contains about 1300 entries and is divided into topics. The audio tracks are available inclusive on www.audiolego.com/Russian/WLM/En/

www.ingramcontent.com/pod-product-compliance
Lightning Source LLC
Chambersburg PA
CBHW080336170426
43194CB00014B/2579